PETITE GÉOGRAPHIE
POUR LE PREMIER AGE

Par G. BELEZE

ANCIEN CHEF D'INSTITUTION A PARIS.

QUATRIÈME ÉDITION

ACCOMPAGNÉE D'UN PLANISPHÈRE.

Ouvrage autorisé par le Conseil de l'Instruction publique.

PARIS.
IMPRIMERIE ET LIBRAIRIE CLASSIQUES
De JULES DELALAIN

IMPRIMEUR DE L'UNIVERSITÉ

Rues de la Sorbonne, des Écoles et des Mathurins.

NOUVEAU COURS

D'ENSEIGNEMENT ÉLÉMENTAIRE.

ABRÉGÉ DE GÉOGRAPHIE.

COURS D'ENSEIGNEMENT ÉLÉMENTAIRE

Par **G. Beleze,** chef d'institution à Paris.

Ce Cours d'Enseignement a été approuvé par le Conseil de l'Instruction publique. L'Histoire Sainte a été approuvée et autorisée par plusieurs Archevêques et Évêques. Le Livre de Lecture courante a été approuvé et recommandé par S. Ém. le Cardinal-Archevêque de Bordeaux.

Chaque volume in-18, de 360 pages, cart. 1 fr. 50 c.

- Livre de Lecture courante, présentant une suite de conseils aux enfants sur leurs devoirs, accompagnés d'exemples historiques; in-18.
- Exercices de Mémoire et de Style, recueil de morceaux choisis en vers et en prose, à la portée des enfants; in-18.
- Grammaire Française, suivant les principes de l'Académie; in-18.
- Exercices Français, gradués sur toutes les parties de la Grammaire; in-18.
- Corrigés des Exercices français; in-18.
- Dictées et Lectures ou Notions élémentaires sur l'agriculture, l'industrie, les sciences et les arts, etc.; in-18.
- Petit Dictionnaire de la Langue française, rédigé selon l'orthographe de l'Académie; in-18.
- Éléments de Littérature, mis à la portée des enfants; in-18.
- La Géographie mise à la portée des enfants; in-18, planisphère.
- Atlas élémentaire de Géographie moderne, composé de dix cartes coloriées à teintes plates; in-4°.
- L'Histoire Sainte mise à la portée des enfants; in-18, carte.
- L'Histoire de France mise à la portée des enfants; in-18, carte.
- L'Histoire d'Angleterre mise à la portée des enfants; in-18, carte.
- L'Histoire Ancienne mise à la portée des enfants; in-18, carte.
- L'Histoire Romaine mise à la portée des enfants; in-18, carte.
- L'Histoire du Moyen Age mise à la portée des enfants; in-18, carte.
- L'Histoire Moderne mise à la portée des enfants; in-18, carte.
- La Mythologie mise à la portée des enfants; in-18, gravures.
- L'Arithmétique mise à la portée des enfants; in-18, gravures.
- La Physique et la Chimie mises à la portée des enfants; in-18, gravures.
- L'Histoire Naturelle mise à la portée des enfants; in-18, gravures.
- La Cosmographie mise à la portée des enfants; in-18, gravures.

Un abrégé de ce Cours a été publié pour le premier âge.

Chaque volume in-18, de 180 pages, cart. 75 c.

- Syllabaire et Premières lectures; in-18.
- Le Syllabaire, séparément, 10 c.
- Tableaux de Lecture, conformes au Syllabaire; in-folio.
- Méthode d'Écriture, modèles et transparents; in-4°.
- Petite Grammaire Française, avec exercices; in-18.
- Petite Géographie Moderne; in-18, planisphère.
- Petite Histoire Sainte; in-18, gravures historiques et carte.
- Petite Histoire de France; in-18, portraits historiques et carte.
- Petite Arithmétique, avec exercices de calcul; in-18, gravures.

PETITE GÉOGRAPHIE

POUR LE PREMIER AGE

Par G. BELEZE

ANCIEN CHEF D'INSTITUTION A PARIS.

QUATRIÈME ÉDITION.

Ouvrage autorisé par le Conseil de l'Instruction publique.

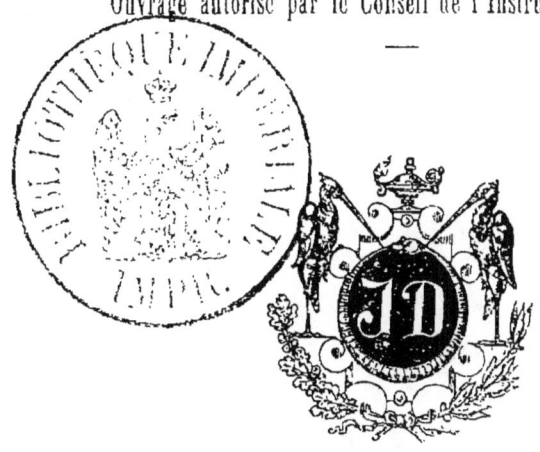

PARIS.

IMPRIMERIE ET LIBRAIRIE CLASSIQUES

De JULES DELALAIN

IMPRIMEUR DE L'UNIVERSITÉ

Rues de la Sorbonne, des Écoles et des Mathurins.

M DCCC LVII.

Tout contrefacteur ou débitant de contrefaçons de cet ouvrage sera poursuivi conformément aux lois; tous les exemplaires sont revêtus de ma griffe.

Jules Delafaye

AVANT-PROPOS.

Le titre de cet ouvrage élémentaire indique déjà par lui-même dans quel but il a été composé. Nous avons voulu mettre à la portée des jeunes enfants les notions les plus simples de la Géographie, et nous avons mis tous nos soins à les présenter d'une manière claire et facile à saisir.

La terre que nous habitons, le soleil qui nous éclaire, les étoiles qui brillent au firmament, font partie du même système et sont soumis aux mêmes lois. Il est donc nécessaire d'étudier l'ensemble de l'univers, avant de passer à la connaissance de notre globe en particulier ; et c'est dans ce but que nous avons d'abord consacré quelques pages aux notions les plus élémentaires de Cosmographie. Le premier chapitre donne la définition des principaux termes de Géographie, soit pour les terres, soit pour les eaux, et fait connaître les grandes divisions du globe. Puis vient, dans une suite de chapitres à peu près d'égale longueur, la description des diverses contrées de la terre. Dans un dernier chapitre, qui forme pour ainsi dire un appendice, nous avons donné des notions de géographie sacrée qui faciliteront aux élèves l'étude de l'histoire sainte.

Tous les chapitres présentent les faits dans le même ordre : d'abord la population, la position, les bornes de la contrée; sa division et ses principaux accidents géographiques; ensuite la description générale indiquant sommairement le sol, le climat, les productions, l'industrie, le commerce; enfin les villes principales, avec ce qu'elles offrent de plus remarquable. Ainsi chaque chapitre présente dans son ensemble un tout complet, et renferme tout ce qu'il est nécessaire que les enfants connaissent sur le pays dont ce chapitre donne la description.

La géographie de la France a été décrite avec plus de détails que les autres contrées. Nous avons adopté la division par bassins, division qui nous paraît être la plus naturelle et la plus facile pour bien faire comprendre la position de chaque département. Les principales villes ont été désignées avec la spécialité industrielle ou commerciale qui distingue chacune d'elles.

Il nous reste à dire en peu de mots comment

peut se faire l'application de cet ouvrage élémentaire. Les élèves d'une même division, ayant tous le livre entre les mains, sont réunis devant une carte d'une grande dimension, soit écrite, soit muette. Le professeur montre successivement sur la carte et dit à haute voix les notions principales contenues dans le chapitre qui fait l'objet de la leçon, c'est-à-dire la position, les bornes, les divisions principales des contrées; puis les accidents géographiques, tels que les montagnes, les fleuves, enfin les villes et leur position. Ce premier exercice terminé, on passe à la lecture du chapitre. Chaque élève lit à son tour un paragraphe ou quelques phrases, quand il est désigné par le professeur. Lorsque la lecture est finie, vient un autre exercice : c'est l'interrogation, faite à l'aide du questionnaire par le maître, qui s'adresse tantôt à un élève, tantôt à un autre, l'un trouvant ce que l'autre a vainement cherché. C'est l'intelligence de tous mise en commun. Ce mode d'enseignement, d'une pratique si simple et si facile dans les écoles, et dont l'expérience nous a démontré les bons résultats, a beaucoup d'attraits pour les enfants, dont l'attention est constamment tenue en éveil par ces divers exercices appropriés à leur âge et à leurs facultés.

Pour aider les enfants dans l'étude de cette Géographie, nous avons publié un atlas élémentaire composé de dix cartes et mis en accord avec le texte du livre. La France, qui est pour nous la partie la plus importante à étudier, exigeait deux cartes, l'une physique et par bassins, l'autre par départements. La carte physique correspond en tous points à la division suivie pour la description des départements et facilite singulièrement l'étude de cette description.

Nous avons joint à ce volume un planisphère dressé avec beaucoup de soin, représentant les grandes parties de la terre avec les principales divisions. Les élèves auxquels il n'est pas encore donné de faire usage d'un atlas trouveront dans ce planisphère des indications suffisantes pour reconnaître la position des contrées les plus importantes.

TABLE DES CHAPITRES.

	Pages.
Notions préliminaires.	1

CHAPITRE PREMIER.

Définitions. — Terres et eaux.	5

CHAPITRE II.

Europe.	11

CHAPITRE III.

Iles Britanniques.	18

CHAPITRE IV.

Danemark.	22
Suède.	23
Russie.	25
Vice-royauté de Pologne.	27

CHAPITRE V.

France.	28

CHAPITRE VI.

Tableau comparatif des provinces et des départements.	32
Description des départements de la France par bassins.	35

	Pages.
Bassin primaire du Rhin.	35
Bassin de la Moselle.	36
Bassin de la Meuse.	37
Bassin de l'Escaut.	38

CHAPITRE VII.

Bassin primaire de la Seine.	39
Bassin de la Marne.	41
Bassin de l'Oise.	41
Bassin de l'Yonne.	42
Bassin de l'Eure.	42
Bassin de la Somme.	43
Bassin de l'Orne.	44
Bassin de la Rance.	45

CHAPITRE VIII.

Bassin primaire de la Loire.	45
Bassin de la Maine.	47
Bassin de l'Allier.	48
Bassin du Cher.	49
Bassin de la Vienne.	49
Bassin de la Vilaine.	50
Bassin de la Sèvre niortaise.	51
Bassin de la Charente.	52

CHAPITRE IX.

	Pages.
Bassin primaire de la Gironde.	52
Bassin de la Dordogne.	53
Bassin de la Garonne.	53
Bassin de l'Ariége.	54
Bassin du Tarn.	55
Bassin du Lot.	55
Bassin du Gers.	56
Bassin de l'Adour.	56
Bassin primaire du Rhône.	57
Bassin de la Saône.	59
Bassin de l'Isère.	59
Bassin de la Durance.	60
Bassin de l'Hérault.	61
Bassin de l'Aude.	61
Bassin du Var.	62
Ile de Corse.	63

CHAPITRE X.

Belgique.	63
Hollande.	65
Suisse.	66

CHAPITRE XI.

Confédération germanique.	68
Allemagne propre.	68
Bavière.	69
Wurtemberg.	70
Saxe.	70
Hanovre.	71
Bade.	71
Hesse-Darmstadt.	71
Hesse-Cassel.	72
Mecklembourg-Schwerin	72
États secondaires et villes libres.	72

CHAPITRE XII.

Prusse.	73
Autriche.	75

CHAPITRE XIII.

Portugal.	77
Espagne.	79

CHAPITRE XIV.

Italie.	81
Royaume de Sardaigne.	83
Principauté de Monaco.	84
Royaume Lombard-Vénitien.	84
Duché de Parme.	84
Duché de Modène.	85
Grand-duché de Toscane.	85
États de l'Église.	86
République de Saint-Marin.	86
Royaume des Deux-Siciles.	86

CHAPITRE XV.

Turquie d'Europe.	87

	Pages.		Pages.
Grèce.	89	État de Tunis.	119
Iles Ioniennes.	91	État de Tripoli.	120
		Sahara.	120

CHAPITRE XVI.

		Égypte.	121
Asie.	92	Nubie.	122
		Sénégambie.	123

CHAPITRE XVII.

		Ouankara.	124
Russie d'Asie.	97	Congo.	125
Turquie d'Asie.	98	Cimbébasie.	126
Arabie.	100		

CHAPITRE XXIII.

CHAPITRE XVIII.

		Nigritie.	126
Turkestan.	101	Abyssinie.	127
Perse.	102	Somâl et Zanguebar.	128
Afghanistan.	103	Pays de Mozambique.	128
Hérat.	103	Hottentotie.	129
Béloutchistan.	104	Cafrerie.	129
		Colonie du Cap-de-Bonne-	

CHAPITRE XIX.

		Espérance.	129
Chine.	105	Iles indépendantes des contrées continentales	
Japon.	106	de l'Afrique.	130

CHAPITRE XX.

CHAPITRE XXIV.

Hindoustan.	107		
Indo-Chine.	111	Amérique.	132

CHAPITRE XXI.

CHAPITRE XXV.

Afrique.	114		
		Groenland.	137

CHAPITRE XXII.

		Russie américaine.	137
Empire de Maroc.	118	Nouvelle-Bretagne.	138
Algérie.	119	États-Unis.	139

TABLE DES CHAPITRES.

CHAPITRE XXVI.

	Pages.
Mexique.	141
Guatémala.	142
Antilles.	143

CHAPITRE XXVII.

	Pages.
Colombie.	146
Nouvelle-Grenade.	147
Vénézuéla.	147
Équateur.	147
Guyane.	148
Pérou.	149
Bolivie.	150
Chili.	150

CHAPITRE XXVIII.

	Pages.
Brésil.	151
La Plata.	152
Paraguay.	153
Uruguay.	153
Patagonie.	153

CHAPITRE XXIX.

	Pages.
Océanie.	154

CHAPITRE XXX.

	Pages.
Malaisie.	156
Micronésie.	158
Polynésie.	159
Mélanésie.	161

APPENDICE.

	Pages.
Notions de géographie sacrée.	163

PETITE GÉOGRAPHIE.

INTRODUCTION.

Notions préliminaires.

1. Définitions. La *géographie* est la description de la terre.

La *terre* que nous habitons est un des corps célestes dont se compose l'univers; elle tourne dans l'espace autour du soleil dont elle reçoit la lumière et la chaleur.

La terre est ronde; c'est un globe immense légèrement aplati vers deux endroits opposés l'un à l'autre et appelés *pôles*, que l'on suppose placés, l'un à l'extrémité *nord* et l'autre à l'extrémité *sud* de la terre.

Le pôle placé du côté du nord s'appelle pôle *arctique*, d'un mot grec qui signifie *ourse*, parce que ce pôle est constamment dirigé vers la partie du ciel où se trouvent les deux constellations ou groupes d'étoiles nommées la *grande Ourse* et la *petite Ourse*. Ce pôle s'appelle aussi pôle *boréal*.

Le pôle placé du côté du sud s'appelle pôle *antarctique*, c'est-à-dire opposé à l'Ourse; on le nomme aussi pôle *austral*.

2. Sphères, globes, cartes. Les *sphères* ou *globes* sont des machines rondes que les géographes et

---

QUESTIONS. — 1. Qu'est-ce que la géographie? Quelle est la forme de la terre? Vers quels endroits est-elle un peu aplatie? Qu'est-ce que le pôle arctique? le pôle antarctique? — 2. Qu'appelle-t-on sphères ou globes et cartes?

les astronomes ont inventées, soit pour représenter la terre, soit pour expliquer les phénomènes célestes, c'est-à-dire les mouvements vrais ou apparents du ciel.

Les *cartes géographiques* représentent ou la terre entière, ou une partie du monde, ou une seule contrée.

3. **Cercles.** Les cercles tracés sur les globes et sur les cartes répondent à de semblables cercles que les géographes supposent également tracés autour de la terre, quoiqu'ils n'existent pas réellement. Ils servent à déterminer avec précision la position des différentes parties du globe terrestre.

On compte six cercles principaux, deux grands et quatre petits.

Les deux grands cercles sont l'*équateur* et le *méridien*.

L'équateur, cercle dont tous les points sont à égale distance des deux pôles, partage la terre en deux portions égales: l'une septentrionale, appelée *hémisphère boréal;* l'autre méridionale, appelée *hémisphère austral.*

Le méridien passe par les deux pôles, coupe l'équateur et divise aussi le globe en deux hémisphères, l'un *oriental*, l'autre *occidental*. Ce cercle porte le nom de *méridien*, qui signifie *milieu du jour*, parce qu'il est midi en même temps pour tous les points de la terre qui, d'un pôle à l'autre, se trouvent situés sur le même méridien.

Les quatre petits cercles sont les deux *tropiques* et les deux *cercles polaires.*

Les *tropiques* sont deux cercles parallèles à l'équateur: l'un, dans l'hémisphère boréal, se nomme le

— 3. Combien y a-t-il de cercles principaux? Qu'est-ce que l'équateur? le méridien? Quels sont les petits cercles? 1.

tropique du Cancer, et l'autre, dans l'hémisphère austral, le *tropique du Capricorne*, parce qu'ils passent par ces deux constellations.

Les deux cercles polaires, savoir : l'*arctique* et l'*antarctique*, sont parallèles aux tropiques et à l'équateur.

4. Points cardinaux. Pour indiquer la position des lieux, on a inventé quatre points principaux, appelés *points cardinaux*. Ce sont : le *nord* ou *septentrion*, vers le pôle arctique; le *sud* ou *midi*, vers le pôle antarctique; l'*est*, nommé aussi *orient* ou *levant*, vers le point où le soleil paraît se lever; l'*ouest*, nommé aussi *occident* ou *couchant*, vers le point où le soleil paraît se coucher. On fait encore souvent usage des quatre points intermédiaires, placés entre les quatre points principaux. Ce sont : le *nord-est*, entre le N. et l'E.; le *nord-ouest*, entre le N. et l'O.; le *sud-est*, entre le S. et l'E.; le *sud-ouest*, entre le S. et l'O. Sur les cartes géographiques on place le nord en haut de la carte, le sud au bas, l'est à droite et l'ouest à gauche.

5. Degrés de latitude et de longitude. On est parvenu à déterminer la position des points les plus importants du globe terrestre, et, par suite, à y rapporter tous les autres, au moyen de la *latitude* et de la *longitude*.

La latitude est la distance d'un point quelconque à l'équateur, et la longitude, la distance d'un point quelconque à un premier méridien convenu. La plupart des nations de l'Europe se sont accordées à prendre pour premier méridien celui qui passe par leur observatoire principal.

—4. A quoi servent les points cardinaux? Nommez-les.— 5. De quel usage sont la latitude et la longitude? Comment sont marqués les degrés sur la surface du globe? Com-

Pour déterminer avec précision la latitude et la longitude, on a d'abord divisé la surface du globe en 180 bandes parallèles à l'équateur, 90 au nord et 90 au sud de ce cercle ; on a nommé ces bandes *degrés de latitude*. Ensuite on a divisé cette surface en 360 parties par autant de méridiens principaux : on leur a donné le nom de *degrés de longitude*.

Les degrés de latitude sont indiqués sur les cartes par des lignes tracées dans le même sens que l'équateur, et les degrés de longitude par des lignes tracées dans le même sens que le méridien.

6. Zones. Sous le rapport de la température, on divise le globe terrestre en cinq *zones* ou bandes : la zone *torride*, c'est-à-dire *brûlée*, entre les deux tropiques ; les deux zones *tempérées*, entre les tropiques et les cercles polaires ; enfin les deux zones *glaciales*, entre chaque cercle polaire et le pôle correspondant.

7. Mesures itinéraires. Les mesures qui servent à déterminer les distances se nomment *mesures itinéraires*. Ces mesures ne sont pas les mêmes dans tous les pays. En France on se servait autrefois de la lieue commune, contenue vingt-cinq fois dans un degré : les mesures actuelles sont le *kilomètre* (mille mètres) et le *myriamètre* (dix mille mètres). Un degré contient onze myriamètres. Pour les *mesures de superficie*, on se sert du *kilomètre carré*, qui vaut un million de mètres carrés.

ment les degrés de latitude et ceux de longitude sont-ils indiqués ? — 6. En combien de zones est divisé le globe terrestre ? Quelles sont-elles ? Où sont-elles situées ? — 7. Qu'appelle-t-on mesures itinéraires ? Quelles sont ces mesures en France ? Combien un degré contient-il de myriamètres ?

CHAPITRE PREMIER.

Définitions. — Terres et Eaux. — Grandes divisions du globe.

8. Terres et Eaux. Lorsqu'on jette les yeux sur une sphère, on voit la surface du globe partagée inégalement en *terres* et en *eaux*. Les terres, composées d'un grand nombre de parties détachées, occupent environ le quart de cette surface ; les trois autres quarts sont couverts par les eaux.

9. Termes relatifs aux Terres. Au milieu de la grande masse d'eau qu'on nomme *océan*, se montrent différentes portions de terre, toutes séparées les unes des autres : parmi ces portions de terre, trois se font remarquer par leur étendue et sont appelées *continents*. — Toutes les autres terres environnées d'eau de tous côtés, quelle que soit leur étendue, se nomment *îles*. — La réunion de plusieurs petites îles, placées à peu de distance les unes des autres, forme un *groupe*. — La réunion de plusieurs groupes ou de plusieurs îles couvrant un espace de mer assez étendu forme un *archipel*.

10. Une *presqu'île* ou *péninsule* est une portion de terre qui s'avance dans la mer, et qui tient au continent par une portion de terre plus ou moins

QUESTIONS. — 8. De quoi se compose le globe terrestre ? — 9. Qu'est-ce qu'un continent ? une île ? un groupe ? un archipel ? — 10. Qu'est-ce qu'une presqu'île ou péninsule ?

large. — Lorsque cette portion de terre n'excède pas le tiers de la largeur de la presqu'île, on l'appelle *isthme*. — On appelle *cap* ou *promontoire* l'extrémité d'une terre qui s'avance en pointe dans la mer.

11. Les *montagnes* sont les éminences les plus considérables de la terre. Une suite de montagnes dont la base se touche s'appelle *chaîne*. — Un *volcan* est une montagne qui vomit, par une ouverture appelée *cratère*, des matières fondues nommées *laves*.

12. Les *vallées* sont formées par les écartements des chaînes de montagnes. — Une *gorge* est une partie de vallée très-étroite. — Un passage étroit entre deux montagnes escarpées, ou entre une montagne et la mer, prend le nom de *défilé*.

13. On appelle *plaines* de grands espaces dont la surface est horizontale, unie ou légèrement ondulée. — Les *déserts* sont des solitudes immenses, inhabitées et absolument stériles, au milieu desquelles se trouvent quelquefois de rares espaces arrosés par des sources, présentant quelque végétation et nommés *oasis*. Les *forêts* sont des espaces considérables couverts d'arbres réunis en grande masse; lorsque les arbres ne couvrent pas une grande étendue de pays, ils forment simplement des *bois*.

un isthme? un cap ou promontoire? — 11. Qu'est-ce qu'une montagne? une chaîne? un volcan? un cratère? — 12. Qu'est-ce qu'une vallée? une gorge? un défilé? — 13. Qu'est-ce qu'une plaine? un désert? Qu'appelle-t-on oasis? Qu'est-ce qu'une forêt? un bois? — 14. Qu'appelle-

14. On appelle *côtes* les contours des continents et des îles baignés par les eaux de l'océan. On donne le nom de *falaises* aux hautes terres coupées à pic qui bordent les côtes, et celui de *dunes* aux collines de sable situées sur le bord de la mer. On appelle *bancs de sable* ou *bas-fonds* des endroits peu profonds qui se trouvent au milieu des mers; *écueils*, des rochers à fleur d'eau sur lesquels les vaisseaux peuvent échouer; *récifs* ou *brisants*, des rochers voisins de la côte où la mer se brise avec violence. Une *digue*, une *jetée*, un *môle*, sont des obstacles élevés par la main des hommes contre les efforts des eaux. Un *phare* est une tour au sommet de laquelle on allume un *feu* ou *fanal* pour guider les vaisseaux pendant la nuit.

15. **Termes relatifs aux Eaux.** L'*océan* est la masse d'eau salée qui environne les terres et se subdivise en plusieurs grandes parties. Les *mers* sont des parties de l'océan qui prennent des noms particuliers. Elles prennent le nom de *mers intérieures* ou *mers méditerranées*, lorsqu'elles sont environnées de terres dans leur plus grande circonférence et qu'elles communiquent avec l'océan. Si l'ouverture est très-large, on donne à cette portion de l'océan le nom de *golfe;* le nom de *baie* s'applique aux portions de mer plus petites qu'un golfe et dont l'ouverture est moins

---

t-on côtes, falaises, dunes, bas-fonds, écueils, récifs? Qu'est-ce qu'une digue, une jetée, un môle? un phare, un fanal? — 15. Qu'est-ce que l'océan? Qu'est-ce que les mers? Qu'est-ce qu'une mer méditerranée? un golfe? une

large : l'usage confond quelquefois ces deux dénominations.

16. Un *détroit* est une portion de mer resserrée entre deux terres, et qui fait communiquer deux mers ou deux parties de mer. Les plus petites portions d'eau environnées de terres et qui offrent un abri aux navires s'appellent *rade, port* : la *rade* présente un abri contre certains vents; le *port* est un asile très-sûr et souvent fait de main d'homme. Il y a des ports qui sont situés sur des fleuves, le plus souvent vers leur embouchure, mais quelquefois aussi à d'assez grandes distances dans les terres. On appelle *lacs* des amas d'eau entourés de tous côtés par des terres et n'ayant aucune communication immédiate avec la mer. Les *étangs* diffèrent des lacs, en ce qu'ils sont moins grands, peu profonds, souvent marécageux.

17. Les *fleuves* sont des cours d'eau douce grossis ou formés par la réunion de plusieurs rivières, et qui se rendent directement dans la mer. Les *rivières* sont des cours d'eau qui se jettent ordinairement dans une rivière plus considérable ou dans un fleuve. Les *sources* sont l'origine des cours d'eau immédiatement à leur sortie du sol.

18. Les bords d'un cours d'eau se nomment *rives* : la rive *droite* est celle qui se trouve à la droite de la personne qui suit le courant; la rive

baie? — 16. Qu'est-ce qu'un détroit? une rade, un port? Les ports sont-ils toujours situés sur la mer? Qu'est-ce qu'un lac? un étang? — 17. Qu'est-ce qu'un fleuve, une rivière? une source? — 18. Qu'appelle-t-on rives? Qu'est-ce

opposée est la rive *gauche*. On appelle *embouchure* l'endroit où un cours d'eau se jette dans un autre, dans un lac ou dans la mer, et *confluent* le lieu de jonction de deux cours d'eau. Le cours d'eau secondaire, ou celui qui porte le tribut de ses eaux au courant principal, s'appelle *affluent*. L'ensemble des pentes d'où découlent les ruisseaux et les rivières qui se jettent dans un fleuve s'appelle le *bassin* de ce fleuve. Les *canaux* sont des lits creusés de main d'homme et formant des rivières artificielles, pour faire communiquer deux cours d'eau entre eux, ou un cours d'eau avec la mer ou même deux mers entre elles.

19. **Grandes divisions du globe.** La surface du globe est partagée en *terres* et en *eaux*.

Les *terres* se divisent en cinq parties principales : l'*Europe*, l'*Asie*, l'*Afrique*, formant l'ancien continent; — l'*Amérique* ou le *nouveau monde*, qui forme le nouveau continent; — l'*Océanie* ou le *monde maritime*, comprenant l'Australie ou Nouvelle-Hollande et les îles situées au S. E. de l'Asie ou dispersées dans le grand Océan.

20. Les *eaux* ou les *mers* comprennent six divisions principales : l'*océan Atlantique*, entre l'Europe et l'Afrique, à l'E., et l'Amérique, à l'O.; — le *Grand océan*, nommé aussi *océan Pacifique* ou *mer du Sud*, entre l'Asie et l'Océanie, à l'O., et l'Amérique, à l'E.; — l'*océan Indien*, au S. de

que la rive droite, la rive gauche? Qu'appelle-t-on embouchure, confluent, affluent? Qu'appelle-t-on bassin d'un fleuve? Qu'est-ce qu'un canal? — 19. En combien de parties principales se divisent les terres? — 20. Combien de di-

l'Asie, à l'E. de l'Afrique et à l'O. de l'Océanie; — l'*océan Glacial Arctique*, au N. de l'Europe et de l'Asie; — l'*océan Glacial Antarctique*, au S. du cercle polaire antarctique; — la *mer Méditerranée*, au S. de l'Europe, à l'O. de l'Asie et au N. de l'Afrique.

21. Races et langues. Les divers peuples répandus sur la surface de la terre appartiennent à trois races principales : la race *blanche* ou *caucasique*; la race *jaune* ou *mongolique*; la race *noire* ou *éthiopique*.

Les hommes parlent un grand nombre de langues différentes. On appelle langues *vivantes* celles qui sont parlées aujourd'hui : les principales sont le *français*, l'*allemand*, l'*anglais*, l'*espagnol*, l'*italien*, le *russe*, l'*arabe*, le *chinois*. On appelle langues *mortes* celles qui ne sont plus parlées, comme le *latin*, le *grec ancien* et l'*hébreu*.

22. Notions des anciens. Les peuples de l'antiquité ne connaissaient qu'un seul continent, l'*ancien*, qu'ils divisèrent d'abord en deux parties, l'*Asie* et l'*Europe*, puis, comme nous, en trois parties, l'*Europe*, l'*Asie* et l'*Afrique*. Mais les bornes qu'ils donnaient à ce continent n'étaient pas celles que la géographie lui assigne aujourd'hui.

visions principales comprennent les eaux? — 21. A combien de races principales appartiennent les divers peuples de la terre? Qu'appelle-t-on langues vivantes? Quelles sont les principales? Qu'appelle-t-on langues mortes? Quelles sont-elles? — 22. Quelles parties de la terre les anciens connaissaient-ils?

CHAPITRE II.

Europe.

SUPERFICIE. 10,000,000 de kilomètres carrés.
POPULATION. 280,000,000 d'habitants.

23. Position. L'Europe occupe la partie nord-ouest de l'ancien continent, auquel elle se rattache seulement à l'E. : partout ailleurs c'est la vaste étendue des mers qui l'entoure.

24. Bornes. Au N., l'océan Glacial Arctique ; — à l'E., la mer Caspienne, le fleuve Kara, le fleuve Oural, les monts Ourals, qui la séparent de l'Asie ; — au S., le détroit de Gibraltar, la mer Méditerranée, la mer Noire, le mont Caucase ; — à l'O., l'océan Atlantique.

25. Divisions. L'Europe contient seize divisions principales, dont quatre au nord et à l'est, sept au centre et cinq au sud : — au nord et à l'est, les *îles Britanniques*, le *Danemark*, la *Suède*, la *Russie* ; — au centre, la *France*, la *Belgique*, la *Hollande*, la *Suisse*, l'*Allemagne propre* ou *Confédération germanique*, la *Prusse*, l'*Autriche* ; — au sud, l'*Espagne*, le *Portugal*, l'*Italie*, la *Turquie* et la *Grèce*.

QUESTIONS. — 23. Où est située l'Europe ? Quelle est sa population ? — 24. Quelles sont ses bornes ? — 25. En combien de contrées se divise l'Europe ? — 26. Quelles

26. Mers. L'Europe est baignée par trois grandes mers, et par plusieurs autres moins considérables que forment les trois premières. — L'océan Glacial Arctique forme la mer *Blanche*, sur les côtes septentrionales de la Russie. — L'océan Atlantique forme la mer du *Nord* ou d'*Allemagne*, entre l'Allemagne, la Hollande, la Belgique, la Grande-Bretagne, la Norwége et le Dancmark ; la mer *Baltique*, entre le Danemark, la Suède, la Russie et la Prusse; la mer de la *Manche*, entre la Grande-Bretagne et la France, et la mer d'*Irlande*, entre l'Irlande et la Grande-Bretagne. — La mer Méditerranée, proprement dite, forme la mer *Adriatique*, entre l'Italie, l'Autriche et la Turquie d'Europe; la mer *Ionienne*, à l'ouest de la Grèce ; la mer de *Marmara*, entre les deux Turquies ; la mer *Noire*, entre la Turquie d'Europe, celle d'Asie et la Russie; la mer d'*Azof*, sur les côtes méridionales de la Russie. — Au sud-est est située la mer *Caspienne*, qui n'a aucune communication avec les mers qui l'environnent.

27. Golfes. Les golfes les plus remarquables de l'Europe sont : le golfe de *Bothnie*, entre la Suède et la Russie; les golfes de *Riga* ou de *Livonie* et de *Finlande*, en Russie; le golfe de *Dantzick*, au nord-est de la Prusse, formés par la mer Baltique; — le *Cattégat*, entre le Danemark et la Suède; le *Zuiderzée*, en Hollande,

sont les grandes mers qui baignent l'Europe? — 27. Quels sont les principaux golfes de l'Europe? Par quelles mers

formés par la mer du Nord ; — le golfe de *Solway*, entre l'Angleterre et l'Écosse ; le canal de *Bristol*, entre l'Angleterre et la principauté de Galles ; le golfe de *Gascogne* ou baie de *Biscaye*, entre la France et l'Espagne, formés par l'océan Atlantique ; — le golfe du *Lion*, au sud de la France ; le golfe de *Gênes*, sur les côtes de l'Italie septentrionale ; le golfe de *Tarente*, au sud de l'Italie, formés par la mer Méditerranée ; — le golfe de *Trieste*, formé par la mer Adriatique.

28. Détroits. Les mers de l'Europe communiquent entre elles par plusieurs détroits. — Le *Skager-Rack*, le *Sund*, le *grand Belt* et le *petit Belt* unissent la mer du Nord à la mer Baltique. — Le *Pas de Calais*, entre l'Angleterre et la France, unit la mer du Nord à la mer de la Manche. — Le détroit de *Gibraltar*, entre l'Espagne et l'Afrique, fait communiquer la Méditerranée avec l'océan Atlantique. — Le détroit des *Dardanelles*, entre l'Archipel et la mer de Marmara, et le canal de *Constantinople*, entre la mer de Marmara et la mer Noire, séparent l'Europe de l'Asie. — Le détroit d'*Iénikalé* fait communiquer la mer Noire et la mer d'Azof.

29. Iles. Les îles les plus considérables de l'Europe sont, dans l'océan Glacial arctique : le *Spitzberg*, la *Nouvelle-Zemble*, à la Russie ; les îles *Loffoden*, à la Suède. — Dans la mer Baltique : l'*archipel Danois*, où se trouvent les îles *Seeland*,

sont-ils formés ?—28. Quels sont les principaux détroits ?—29. Nommez les principales îles de l'Europe dans les prin-

Fionie, *Laaland* et *Falster*; les îles *OEland* et *Gothland*, à la Suède; l'archipel d'*Aland*, à la Russie. — Dans l'océan Atlantique et les mers qui en dépendent : l'*archipel Britannique*, comprenant la *Grande-Bretagne* et l'*Irlande*; les *Schetland*, les *Orcades*, à l'Angleterre; les îles *Færœ* et l'*Islande*, au Danemark ; les îles d'*Oleron* et de *Ré*, à la France; l'*archipel des Açores*, au Portugal. — Dans la Méditerranée et les mers qui en dépendent : les îles *Baléares*, à l'Espagne; la *Corse*, à la France; la *Sardaigne*, la *Sicile* et l'île d'*Elbe*, à l'Italie; l'île de *Malte*, à l'Angleterre ; l'île de *Candie* ou de *Crète*, à la Turquie; les îles *Ioniennes* et celles de l'*Archipel*.

30. Presqu'îles et isthmes. Il y a en Europe six presqu'îles considérables : la presqu'île *Scandinave*, comprenant la Suède, la Norwége et la Laponie ; — la *péninsule Hispanique*, formée de l'Espagne et du Portugal; — l'*Italie*; — le *Jutland*, en Danemark ; — la *Morée*, en Grèce, réunie au continent par l'isthme de *Corinthe*; — la *Crimée*, au sud de la Russie, réunie au continent par l'isthme de *Pérékop*.

31. Caps. Les principaux caps de l'Europe sont : le cap *Nord*, à l'extrémité septentrionale de la Suède, dans l'île de Mageroë ; — le cap *Finistère*, au nord-ouest de l'Espagne; — le cap

cipales mers. Dites à quelles contrées appartiennent ces îles. — 30. Quelles sont les presqu'îles de l'Europe? Quels sont les isthmes? — 31. Nommez les principaux caps. —

Trafalgar, au sud-ouest du même pays ; — le cap *Matapan*, au sud de la Morée.

32. Montagnes. Des chaînes de montagnes considérables couvrent une partie de l'Europe. — — Les monts *Ourals* séparent l'Europe de l'Asie ; — les *Alpes scandinaves*, dont les *Dofrines* sont une ramification, s'étendent sur la Suède et la Norwége ; — les *Pyrénées* servent de frontières à la France et à l'Espagne ; — les *Alpes* dominent en partie le sud-est de la France, la Suisse entière, l'Italie septentrionale et la partie occidentale de l'Autriche ; — les *Apennins*, qui tiennent aux Alpes, dominent le centre de l'Italie, du nord-ouest au sud-est ; — les monts *Carpathes* s'étendent sur le nord-est de l'Autriche, et les monts *Balkans*, sur la Turquie centrale ; — le mont *Caucase* domine les frontières de l'Asie, de la mer d'Azof à la mer Caspienne.

33. Volcans. Il y a en Europe trois volcans principaux : l'*Hécla*, en Islande ; — le *Vésuve*, en Italie, près de Naples ; — l'*Etna*, en Sicile.

34. Fleuves. L'Europe est arrosée par un grand nombre de fleuves remarquables, qui se distribuent de la manière suivante. — L'océan Glacial Arctique reçoit la *Petchora*. — La mer Blanche reçoit la *Dvina* et l'*Onéga*. — La mer Baltique reçoit la *Tornéa*, l'*Oder*, le *Niémen* ; la *Néva*, sortie du lac Ladoga, se jette dans le golfe de

---

32. Nommez les principales chaînes de montagnes de l'Europe. — 33. Quels sont les principaux volcans en Europe ? — 34. Quels sont les fleuves principaux ? Quels fleuves

Finlande, et la *Duna*, dans le golfe de Riga; la *Vistule* se jette dans le golfe de Dantzick. — La mer du Nord reçoit l'*Elbe*, le *Weser*, le *Rhin*, la *Meuse*, l'*Escaut*, la *Tamise* et l'*Humber*. — La Manche reçoit la *Somme* et la *Seine*. — L'océan Atlantique reçoit le *Shannon*, la *Loire*, la *Charente*, la *Gironde*, l'*Adour*, le *Minho*, le *Douro*, le *Tage*, le *Guadiana* et le *Guadalquivir*. — La Méditerranée reçoit l'*Ebre*, le *Rhône*, l'*Arno* et le *Tibre*. — La mer Adriatique reçoit le *Pô* et l'*Adige*. — La mer Noire reçoit le *Danube* et le *Dniester*. — La mer d'Azof reçoit le *Don*. — La mer Caspienne reçoit l'*Oural*, et le *Volga*, le plus grand fleuve de l'Europe.

35. **Lacs.** Les lacs les plus considérables de l'Europe sont : les lacs *Wener* et *Mœlar*, en Suède; — les lacs *Onéga* et *Ladoga*, en Russie; — les lacs de *Constance* et *Léman* ou de *Genève*, en Suisse; — le lac *Balaton*, en Autriche; — les lacs *Majeur* et de *Côme*, en Italie.

36. **Description générale.** L'Europe est la plus petite des parties du monde; mais elle est la plus civilisée, et proportionnellement la plus peuplée. Elle a su acquérir une puissance extraordinaire par son industrie, par son commerce, et par les colonies qu'elle a fondées dans les autres parties du monde. La plus grande partie de l'Europe est située sous la zone tempérée; quelques portions

reçoit la mer Blanche? etc. Quels sont ceux qui se jettent dans l'océan Atlantique ? ceux qui se jettent dans la Méditerranée? etc. — 35. Quels sont les lacs les plus remarquables en Europe? — 36. Quel est le climat de l'Europe?

de la Suède, de la Norwége et de la Russie pénètrent sous la zone glaciale, tandis que les contrées les plus méridionales ne touchent pas la zone torride. L'Europe est moins riche que les autres parties du monde en mines d'or, d'argent et de pierres précieuses ; mais elle possède plus abondamment le fer, le cuivre, le plomb, l'étain, le sel et la houille. Sa végétation est riche, variée, abondante : les pays du nord donnent des bois propres à la construction des navires ; dans les contrées méridionales, on cultive le riz, les oliviers, les vignes, les orangers, les mûriers ; celles du centre produisent du blé, des vins, du lin, du tabac, et des fruits excellents.

37. Notions des anciens. Les anciens donnaient pour bornes à l'Europe, au N., l'*océan Sarmatique* (partie de l'océan Glacial Arctique) et l'*océan Germanique* (mer du Nord) ; à l'E., la *mer Égée* (Archipel), l'*Hellespont* (détroit des Dardanelles), le *Bosphore de Thrace* (canal de Constantinople), le *Pont-Euxin* (mer Noire), le *Palus-Méotide* (mer d'Azof) et le *Tanaïs* (Don) ; au S., le *détroit de Gadès* (détroit de Gibraltar) et la *mer Intérieure* (mer Méditerranée) ; à l'O., le *détroit de Gaule* (pas de Calais) ; l'*océan Britannique* (la Manche) et l'océan Atlantique. Ils ne connaissaient que très-imparfaitement les vastes plaines situées au nord-est.

Quelles sont ses productions minérales et végétales? — 37. Quelles bornes les anciens donnaient-ils à l'Europe?

CHAPITRE III.

Îles Britanniques.

Superficie. 300,000 kilomètres carrés.
Population. 28,000,000 d'habitants.

38. **Position.** L'archipel des îles Britanniques est situé au nord-ouest de la France.

39. **Bornes.** Au N., l'océan Atlantique; — à l'E., la mer du Nord; — au S., la Manche et le Pas de Calais; — à l'O., l'océan Atlantique.

40. **Division.** Les îles Britanniques, qui forment le *royaume-uni*, appelé aussi *royaume d'Angleterre* ou de *Grande-Bretagne,* se composent de deux îles principales, la *Grande-Bretagne* et l'*Irlande*, et d'un grand nombre de petites îles dépendantes de l'archipel Britannique. La Grande-Bretagne, l'île la plus considérable, comprend l'*Angleterre* proprement dite à l'E. et au S., la *principauté de Galles* à l'O. et l'*Ecosse* au N.

41. **Îles.** Les îles les plus importantes qui dépendent de l'archipel Britannique sont: les *Orcades*, au nord, et les *Hébrides*, au nord-ouest, dans l'océan Atlantique; — l'île d'*Anglesey*, à l'ouest, dans la mer d'Irlande; — les *Sorlingues*, au sud-ouest, dans l'Océan Atlantique;—l'île de

Questions. — 38. Quelle est la position des îles Britanniques? leur population? — 39. Quelles sont leurs bornes? — 40. Comment se divisent-elles? — 41. Nommez les îles

Wight, au sud, dans la Manche. — Parmi les îles qui ne font pas partie de l'archipel Britannique, on remarque l'île d'*Helgoland*, dans la mer du Nord, vis-à-vis de l'embouchure de l'Elbe ; — les îles d'*Aurigny*, de *Guernesey* et de *Jersey*, dans la Manche, sur la côte de France ; — le groupe de *Malte*, dans la mer Méditerranée, et les îles *Ioniennes*, sur les côtes occidentales de la Grèce.

42. **Montagnes.** Les monts *Cheviots*, qui séparent l'Angleterre de l'Écosse ; — les monts *Grampians*, qui traversent l'Écosse.

43. **Fleuves.** La *Tamise*, l'*Humber* et la *Tweed*, qui se jettent dans la mer du Nord ; — la *Saverne*, dans le canal de Bristol ; — la *Mersey*, dans la mer d'Irlande ; — la *Clyde*, dans le golfe auquel elle donne son nom ; — le *Shannon*, en Irlande, dans l'océan Atlantique.

44. **Productions.** Le sol de l'Angleterre est très-fertile ; il est propre à la culture des céréales, à la nourriture des bestiaux, et présente la plus riche verdure. En Écosse, la partie montagneuse, située au nord, est généralement inculte ; la partie basse, située au sud, produit du blé, de l'orge, des pommes de terre, des fruits. L'Angleterre possède d'importantes mines de houille, de fer, d'étain, de plomb. L'industrie y est arrivée au

qui dépendent de l'archipel Britannique, et celles qui n'en font pas partie ? — 42. Quelles sont les principales montagnes des îles Britanniques ? — 43. Les principaux fleuves ? — 44. Quelles sont les productions principales de l'Angleterre ? L'industrie et le commerce y sont-ils

plus haut point de développement et de prospérité. Le commerce est très-actif et se fait avec toutes les parties du monde, grâce à une puissante marine et à des stations admirablement choisies.

45. Villes principales. ANGLETERRE : *LONDRES*, au S. E., capitale de l'Angleterre et du royaume-uni, port important à 44 kilomètres de la mer du Nord, sur la Tamise, la ville la plus grande et la plus riche de l'Europe : 2,363,000 âmes. — *Liverpool*, au N. O., beau port, à l'embouchure de la Mersey. — *Manchester*, au N. O., importantes manufactures de coton. — *Birmingham*, au centre, grande fabrication de quincaillerie ; — *Bristol*, à l'O., près du canal du même nom, port commerçant. — *York*, au N. E., magnifique cathédrale. — *Newcastle*, au N. E., port, près de la mer du Nord ; commerce de charbon de terre. — *Oxford*, au centre, célèbre université. — *Douvres*, au S. E., port sur le Pas de Calais ; relations fréquentes avec la France. — *Cantorbéry*, au S. E., ville très-ancienne ; — *Brighton*, au S., bains de mer renommés ; — *Southampton*, au S., port fréquenté ; — *Portsmouth* et *Plymouth*, au S., sur la Manche, ports de la marine royale. — Dans la principauté de Galles : *Caermarthen*, au S., près du canal de Bristol ; — *Swansea*, port très-commerçant, sur le même golfe.

ÉCOSSE : *ÉDIMBOURG*, au S. E., capitale de l'Écosse, grande et belle ville : 187,000 habit. —

importants ? — 45. Quelle est la capitale de l'Angleterre ? Quelle est sa population ? Quelles sont les autres villes importantes de l'Angleterre ? Nommez les villes principales de la principauté de Galles, celles de l'Écosse,

Leith, port d'Édimbourg : grand commerce maritime. — *Aberdeen,* à l'E., le premier port de l'Écosse. — *Glasgow,* au S. O., sur la Clyde, la ville la plus considérable de l'Écosse.

IRLANDE : *DUBLIN,* à l'E., capitale de l'Irlande, sur la baie qui porte son nom : 270,000 habit. — *Belfast,* au N. E., port sur le golfe du même nom, manufactures importantes. — *Limerick,* à l'O., port marchand, sur le Shannon. — *Cork,* au S., port au fond du golfe du même nom.

46. Possessions hors de l'Europe. L'Angleterre possède en Europe la forteresse de Gibraltar et l'île de Malte ; mais elle a aussi dans les autres parties du monde des possessions très-importantes dont les principales sont : en Asie, l'Hindoustan, qui, avec d'autres territoires, forme l'Inde anglaise ; en Afrique, la colonie du Cap, celle de la Gambie, l'île Maurice ; en Amérique, la Nouvelle-Bretagne ou Amérique anglaise du Nord, la Jamaïque, les Lucayes, une partie des petites Antilles, la Guyane anglaise ; dans l'Océanie, plusieurs provinces de l'Australie. La population de ces diverses colonies est de 200,000,000 d'habitants.

celles de l'Irlande. — 46. Quelles sont, hors de l'Europe, les possessions les plus importantes de l'Angleterre ?

CHAPITRE IV.

Danemark.

SUPERFICIE. 50,000 kilomètres carrés.
POPULATION. 2,500,000 habitants.

47. **Position.** Le royaume de Danemark est situé à l'entrée de la mer Baltique.

48. **Bornes.** Au N., le Skager-Rack;—à l'E., le Cattégat, le détroit du Sund et la mer Baltique;—au S., l'Allemagne;—à l'O., la mer du Nord.

49. **Division.** Les États du Danemark se composent : 1º de l'*archipel Danois*, dont les îles principales sont *Seeland* et *Fionie*; 2º d'une longue presqu'île renfermant le *Jutland* et le duché de *Sleswig*; 3º des duchés de *Holstein* et de *Lauenbourg*, qui font partie de la Confédération germanique; 4º de l'*Islande*, grande île entre la mer du Nord et la mer Glaciale, et des îles *Fœrœe*, situées au S. E. de l'Islande.

50. **Golfes et détroits.** Le Danemark possède un golfe ou bras de mer très-important : c'est le *Cattégat*, situé à l'E. du Jutland. — Les détroits principaux formés par ce golfe sont : le *Skager-Rack*, au N.; le *Sund*, le *grand Belt* et le *petit Belt*, à l'E.

QUESTIONS. — 47. Quelle est la position du Danemark? sa population? — 48. Quelles sont ses bornes? — 49. De quelles parties se compose-t-il? — 50. Dites les princi-

SUÈDE. 23

51. Productions. Le sol de l'archipel Danois est généralement très-fertile. Les marais et les bruyères occupent une grande partie du Jutland. L'Islande est un pays constamment couvert de neige, et les îles Fœrœ sont stériles et peu habitées. La richesse commerciale du Danemark consiste surtout dans les pêches considérables de harengs.

52. Villes principales. *COPENHAGUE*, capitale, dans l'île de Seeland ; commerce très-étendu : 124,000 habit. — *Elseneur* ou *Helsingor*, dans l'île de Seeland, sur le Sund. — *Altona*, sur l'Elbe, dans le duché de Holstein. — *Odensée*, dans l'île de Fionie. — *Reykiavik*, ville principale de l'Islande.

Suède.

SUPERFICIE. 800,000 kilomètres carrés.
POPULATION. 5,000,000 d'habitants.

53. Position. Le royaume de Suède est situé au nord du Danemark.

54. Bornes. Au N., l'océan Glacial Arctique ; — à l'E., la Russie, le golfe de Bothnie et la mer Baltique ; — au S., cette même mer ; — au S. O., le Sund, le Cattégat et le Skager-Rack ; — à l'O., l'océan Atlantique.

paux golfes et détroits. — 51. Quelles sont les productions du Danemark? En quoi consiste surtout sa richesse commerciale? — 52. Quelle en est la capitale? Quelles sont les autres villes importantes? — 53. Quelle est la position du royaume de Suède? Sa population? — 54. Quelles

55. Division. La monarchie suédoise comprend deux grandes parties, la *Suède*, à l'E., et la *Norwége*, à l'O.

56. Iles. Les îles *OEland* et *Gottland*, dans la mer Baltique; les îles *Loffoden*, dans l'océan Glacial Arctique.

57. Montagnes. Les *Alpes scandinaves* ou *Dofrines*, qui séparent dans leurs parties septentrionales la Suède et la Norwége.

58. Fleuves. La *Tornéa*, qui se jette dans la mer Baltique; — la *Gotha*, qui entre dans le Cattégat; — le *Glommen*, dont l'embouchure est dans le Skager-Rack; — la *Tana*, qui se jette dans l'océan Glacial.

59. Productions. Le sol de la Suède est peu productif, surtout dans la partie septentrionale, nommée Laponie, où règne un froid rigoureux; vers le sud il est plus fertile. Cette contrée possède de riches mines de fer, d'argent et de cuivre. Les parties montagneuses de la Norwége renferment d'immenses forêts qui abondent en bois renommés pour les constructions navales.

60. Villes principales. SUÈDE : *Stockholm*, à l'E., capitale de tout le royaume, sur le lac Mælar, près d'un petit golfe de la mer Baltique; commerce très-actif : 86,000 habit. — *Carlscrone*,

sont ses bornes? — 55. De quoi se compose-t-il? — 56. Dites les îles, — 57. les montagnes, — 58. les fleuves. — 59. Quelles sont les principales productions de la Suède? — 60. Quelle est la capitale de tout le royaume? Nommez les autres villes importantes, soit de la Suède,

au S., principal port de la marine militaire. — *Gothembourg*, à l'O., bon port à l'embouchure de la Gotha ; commerce important.

Norwége : *Christiania*, au S., capitale de la Norwége, sur un golfe qui lui fait un vaste port : 24,000 habit. — *Christiansand*, au S., sur le Skager-Rack, port important par son commerce. — *Bergen*, à l'O., sur l'océan Atlantique, port très-commerçant.

Russie.

Superficie. 5,500,000 kilomètres carrés
Population. 60,000,000 d'habitants.

61. Position. L'empire de Russie occupe toute la partie nord-est de l'Europe, et s'étend de plus dans tout le nord de l'Asie et dans une partie du nord-ouest de l'Amérique.

62. Bornes. Les bornes de la Russie d'Europe sont : au N., l'océan Glacial Arctique ; — à l'E., l'Asie, dont le fleuve Kara, les monts Ourals, le fleuve Oural et la mer Caspienne la séparent ; — au S., le mont Caucase, la mer Noire et la Turquie d'Europe ; — à l'O., la Turquie d'Europe, l'Autriche, la Prusse, la mer Baltique, la Suède et la Norwége.

63. Division. La Russie d'Europe comprend la Russie, divisée en 53 gouvernements et 4 provinces, et la Pologne, qui forme une vice-royauté.

soit de la Norwége. — 61. Quelle est la position de la Russie ? sa population ? — 62. Quelles sont ses bornes ? — 63. Comment se divise-t-elle ? — 64. Quelles sont les îles

64. Îles. La *Nouvelle-Zemble*, dans l'océan Glacial Arctique; les îles *Aland*, *Dayo* et *OEsel*, dans la mer Baltique.

65. Montagnes. Les monts *Ourals* ou *Poyas*, sur la limite de l'Europe et de l'Asie.

66. Fleuves. La *Petchora*, qui se jette dans l'océan Glacial, ainsi que la *Kara*, qui forme une partie de la limite entre l'Europe et l'Asie; — l'*Onéga* et la *Dvina*, dans la mer Blanche; — le *Volga* et l'*Oural*, dans la mer Caspienne; — la *Néva*, la *Duna* et la *Vistule*, dans la mer Baltique; — le *Dniester*, dans la mer Noire; — le *Don*, dans la mer d'Azof.

67. Productions. Dans les provinces du nord le froid est rigoureux et le sol peu productif; les provinces du sud jouissent d'un climat tempéré et donnent du blé en abondance. La Russie renferme des mines de cuivre, de fer, d'argent, d'or, de platine, et des pierres précieuses. L'industrie et le commerce ont pris un assez grand développement depuis le dernier siècle.

68. Villes principales. SAINT-PÉTERSBOURG, à l'O., sur la Néva, près du golfe de Finlande, capitale : 443,000 habit. — Au centre, *Moscou*, sur la Moskva, ancienne capitale de l'empire; grand commerce intérieur : 340,000 hab. — Au N., *Arkhangel*, port sur la mer Blanche; grand commerce de fourrures. — A l'E., *Orenbourg*, le

qui en dépendent? — 65. Quelles sont les montagnes principales? — 66. Dites les principaux fleuves et les mers qui les reçoivent. — 67. Quelles sont les principales productions de cette contrée? — 68. Dites la capitale de

centre du commerce des Tartares avec l'Europe. — Au S., *Astrakhan*, port fréquenté de la mer Caspienne ; *Odessa*, le port le plus commerçant de la mer Noire, et l'entrepôt des produits de la Russie méridionale. — A l'O., *Kiev*, qui fut la première capitale de la Russie ; *Riga*, ville forte et très-commerçante, sur la Duna, près de son embouchure ; *Cronstadt*, sur une petite île qui domine le golfe de Finlande ; *Novogorod*, industrie et commerce importants.

69. **Possessions hors de l'Europe.** La Russie a d'importantes possessions hors de l'Europe : en Asie, la Sibérie et la Transcaucasie, avec une population de 5,000,000 d'habitants ; en Amérique, l'Amérique russe, qui comprend de vastes territoires, mais avec une faible population.

Vice-royauté de Pologne.

70. **Description générale.** La vice-royauté de Pologne, située à l'O. de la Russie, est un démembrement d'un ancien et puissant royaume. Sa population est de 4,850,000 habitants. Villes principales : *Varsovie*, au centre, sur la rive gauche de la Vistule, capitale, centre du commerce et de l'industrie de la contrée : 140,000 habit. ; — *Praga*, sur la rive droite de la Vistule, en face de Varsovie ; — *Lublin*, commerce important.

l'empire de Russie. Où est-elle située ? Quelle est sa population ? Nommez d'autres villes importantes. — 69. La Russie a-t-elle des possessions hors de l'Europe ? — 70. Où est située la Pologne ? Quelle est sa population ? Dites la capitale et les villes principales.

CHAPITRE V.

France.

SUPERFICIE. 550,000 kilomètres carrés.
POPULATION. 36,000,000 d'habitants.

71. Position. La France est placée dans la partie occidentale de la région moyenne de l'Europe.

72. Bornes. Au N. O., la Manche et le Pas de Calais, qui la séparent de l'Angleterre; — au N., la mer du Nord, la Belgique et l'Allemagne; — à l'E., cette dernière contrée, la Suisse et les Alpes, qui la séparent de l'Italie; — au S., la mer Méditerranée et les Pyrénées, qui la séparent de l'Espagne; — à l'O., l'océan Atlantique.

73. Division. La France est divisée en 86 départements, qui, pour la plupart, doivent leur nom soit aux fleuves ou aux rivières qui les arrosent, soit à la mer qui les baigne, soit aux montagnes qui s'y trouvent.

Les 86 départements sont administrés chacun par un préfet; ils sont divisés en arrondissements ou sous-préfectures, les arrondissements en cantons, les cantons en communes.

74. Religion et gouvernement. La religion catholique romaine est celle de la majorité des Français. La France est une monarchie constitutionnelle, avec le titre d'*empire*.

QUESTIONS. — 71. Quelle est la position de la France? Quelle est sa population? — 72. Quelles sont ses bornes? — 73. Quelle est sa division administrative? — 74. Quelle est la religion suivie en France? Quel est le gouvernement?

75. Îles. Par sa position sur deux mers, la France possède plusieurs îles importantes. Dans l'océan Atlantique : l'île d'*Ouessant*; *Belle-Ile*; l'île de *Noirmoutier* et celle d'*Yeu*; l'île de *Ré* et celle d'*Oleron*. — Dans la mer Méditerranée : l'île de *Corse*, la plus considérable de toutes, et qui forme un département; les îles d'*Hyères* et les îles de *Lérins*.

76. Montagnes. La France renferme plusieurs chaînes de montagnes, dont les plus importantes sont : les *Alpes*, les plus hautes montagnes de l'Europe, qui séparent la France de l'Italie ; — les *Pyrénées*, qui s'élèvent sur la frontière de la France et de l'Espagne, et entre la Méditerranée et l'Océan ; — les *Vosges*, qui s'étendent au nord-est ; — le *Jura*, à l'est, sur les confins de la Suisse ; — les *Cévennes*, qui s'étendent du nord au sud dans l'intérieur de la France, et dont le mont *Lozère* est un des points les plus élevés ; — les *monts d'Auvergne*, qui sont une ramification des Cévennes : on y remarque le *Puy de Dôme* et le *mont Dor*.

77. Fleuves et rivières. Les fleuves et les rivières qui arrosent la France peuvent être répartis entre les quatre mers auxquelles ils apportent le tribut de leurs eaux.

La mer du Nord reçoit le *Rhin*, la *Meuse* et l'*Escaut*. — Le *Rhin* borne en partie la France à l'E., et reçoit la *Moselle*, grossie de la *Meurthe*, et l'*Ill*. — La *Meuse* prend sa source dans le dé-

---

— 75. Nommez les îles qui en dépendent. — 76. Dites les principales chaînes de montagnes. — 77. Nommez les

partement de la Haute-Marne et reçoit la *Sambre*. — L'*Escaut* prend sa source dans le département de l'Aisne et reçoit la *Scarpe* et la *Lys*.

La mer de la Manche reçoit la *Seine*, la *Somme* et l'*Orne*. — La *Seine* prend sa source dans le département de la Côte-d'Or, et se jette dans la mer entre le Havre et Honfleur; elle reçoit l'*Aube*, la *Marne*, l'*Oise* grossie de l'*Aisne*, l'*Yonne* et l'*Eure*. — La *Somme* prend sa source dans le département de l'Aisne, et l'*Orne* dans celui de l'Orne.

L'océan Atlantique, ou plutôt cette partie de l'océan Atlantique à laquelle on a donné le nom de *mer de France*, reçoit la *Loire*, la *Gironde*, la *Vilaine*, la *Charente* et l'*Adour*. — La *Loire* prend sa source dans les Cévennes et se jette dans la mer près de Paimbœuf: elle reçoit la *Nièvre*, la *Maine*, l'*Allier*, le *Loiret*, le *Cher*, l'*Indre*, la *Vienne* grossie de la *Creuse*, la *Sèvre nantaise*. — La *Gironde* est formée par la réunion de la *Garonne* et de la *Dordogne*, au bec d'Ambez: 1° la *Garonne*, qui est la branche principale, prend sa source en Espagne, dans les Pyrénées, et reçoit l'*Ariége*, le *Tarn* grossi de l'*Aveyron*, le *Lot*, le *Gers*; 2° la *Dordogne* prend sa source dans le département du Puy-de-Dôme, et reçoit la *Vézère* grossie de la *Corrèze* et l'*Isle*. — La *Vilaine* prend sa source dans le département de la Mayenne, et la *Charente* dans celui de la Haute-Vienne. — L'*Adour* descend des Pyrénées.

La mer Méditerranée reçoit le *Rhône*, l'*Hé-*

principaux fleuves qui arrosent la France. Dans quelle mer se jettent-ils? Quelles sont les principales rivières? —

rault, l'*Aude* et le *Var*. — Le *Rhône* prend sa source en Suisse, et reçoit l'*Ain*, la *Saône* grossie du *Doubs*, l'*Ardèche*, le *Gard*, l'*Isère*, la *Drôme*, la *Durance*. — L'*Hérault* descend des Cévennes. — L'*Aude* prend sa source dans le département des Pyrénées-Orientales. — Le *Var* sert de limite entre la France et la Sardaigne.

78. **Productions.** Le sol de la France, favorisé par la douceur du climat, arrosé par un grand nombre de fleuves et de rivières, est généralement très-fertile : le blé, l'orge, l'avoine, la pomme de terre, y croissent abondamment ; les pâturages et les fourrages y sont très-bons. La France produit des fruits excellents et des vins recherchés dans le monde entier. On y trouve des mines d'argent, de fer, de plomb, de zinc, de houille, de bitume et de sel, et des carrières de granit, de marbre et d'ardoises[1].

79. **Possessions hors de l'Europe.** La France a en Asie, dans l'Hindoustan, des possessions dont Pondichéry est le chef-lieu ; en Afrique, l'Algérie, des possessions dans la Sénégambie ou le Sénégal, l'île de Gorée, l'île de la Réunion ou Bourbon ; en Amérique, la Guyane française, la Guadeloupe, la Martinique et quelques autres petites îles ; dans l'Océanie, la Nouvelle-Calédonie et les îles Marquises. La population de ces possessions diverses s'élève à environ 4,000,000 d'habitants.

78. Quel est l'aspect général du sol de la France ? Quelles sont ses productions ? — 79. Quelles sont ses possessions hors de l'Europe ?

1. La description des départements contient des détails nombreux sur l'industrie et le commerce.

CHAPITRE VI.

Description des départements de la France.

80. La France était autrefois divisée en 32 provinces. Cette ancienne division se reproduisant à chaque page dans notre histoire, et l'usage s'étant maintenu de désigner les habitants des départements par le nom de leur ancienne province, nous donnons le tableau comparé des anciennes provinces et des nouveaux départements.

Tableau des provinces et des départements.

PARTIE DU NORD.

1. FLANDRE, capitale : *Lille*.
   1 département : Nord.
2. ARTOIS, capitale : *Arras*.
   1 département : Pas-de-Calais.
3. PICARDIE, capitale : *Amiens*.
   1 département : Somme.
4. NORMANDIE, capitale : *Rouen*.
   5 départements : Seine-Inférieure, Eure, Calvados, Orne, Manche.
5. ILE-DE-FRANCE, capitale : *Paris*.
   5 départements : Seine, Seine-et-Oise, Seine-et-Marne, Aisne, Oise.
6. CHAMPAGNE, capitale : *Troyes*.
   4 départements : Aube, Haute-Marne, Marne, Ardennes.
7. LORRAINE, capitale : *Nancy*.
   4 départements : Meurthe, Moselle, Meuse, Vosges.

QUESTIONS. — 80. Nommez chaque province, avec les départements qu'elle renferme et son ancienne capitale.

FRANCE.   33

PARTIE DU CENTRE.

8. Orléanais, capitale : *Orléans.*
    3 départements : Loiret, Eure-et-Loir, Loir-et-Cher.
9. Touraine, capitale : *Tours.*
    1 département : Indre-et-Loire.
10. Berry, capitale : *Bourges.*
    2 départements : Cher, Indre.
11. Nivernais, capitale : *Nevers.*
    1 département : Nièvre.
12. Bourbonnais, capitale : *Moulins.*
    1 département : Allier.
13. Marche, capitale : *Guéret.*
    1 département : Creuse.
14. Limousin, capitale : *Limoges.*
    2 départements : Haute-Vienne, Corrèze.
15. Auvergne, capitale : *Clermont-Ferrand.*
    2 départements : Puy-de-Dôme, Cantal.

PARTIE DE L'OUEST.

16. Bretagne, capitale : *Rennes.*
    5 départements : Ille-et-Vilaine, Côtes-du-Nord, Finistère, Morbihan, Loire-Inférieure.
17. Maine, capitale : *le Mans.*
    2 départements : Sarthe, Mayenne.
18. Anjou, capitale : *Angers.*
    1 département : Maine-et-Loire.
19. Poitou, capitale : *Poitiers.*
    3 départements : Vienne, Vendée, Deux-Sèvres.
20. Aunis, capitale : *la Rochelle.*
    1 département : Charente-Inférieure.
21. Angoumois et Saintonge, capit. : *Angoulême* et *Saintes.*
    1 département : Charente.

PARTIE DE L'EST.

22. Alsace, capitale : *Strasbourg.*
    2 départements : Bas-Rhin, Haut-Rhin.

23. Franche-Comté, capitale : *Besançon*.
   3 départements : Doubs, Haute-Saône, Jura.
24. Bourgogne, capitale : *Dijon*.
   4 départements : Côte-d'Or, Yonne, Saône-et-Loire, Ain.
25. Lyonnais, capitale : *Lyon*.
   2 départements : Rhône, Loire.

PARTIE DU SUD.

26. Guyenne et Gascogne, capitales : *Bordeaux* et *Auch*.
   9 départements : Gironde, Dordogne, Lot, Aveyron, Tarn-et-Garonne, Lot-et-Garonne, Gers, Landes, Hautes-Pyrénées.
27. Béarn, capitale : *Pau*.
   1 département : Basses-Pyrénées.
28. Comté de Foix, capitale : *Foix*.
   1 département : Ariége.
29. Roussillon, capitale : *Perpignan*.
   1 département : Pyrénées-Orientales.
30. Languedoc, capitale : *Toulouse*.
   8 départements : Haute-Garonne, Tarn, Aude, Hérault, Gard, Lozère, Ardèche, Haute-Loire.
31. Dauphiné, capitale : *Grenoble*.
   3 départements : Isère, Drôme, Hautes-Alpes.
32. Provence, capitale : *Aix*.
   3 départements : Bouches-du-Rhône, Basses-Alpes, Var.

PAYS RÉUNIS.

Comtat Venaissin [1], capitale : *Avignon*.
   1 département : Vaucluse.
Ile de Corse, capitale : *Bastia*.
   1 département : Corse.

---

1. Cette province dépendait des États du pape.

Description des départements par bassins[1].

81. Les fleuves et les rivières qui arrosent la France peuvent se répartir en cinq grands bassins ou bassins primaires, qui sont : 1º le bassin du *Rhin*, au nord-est; — 2º le bassin de la *Seine*, au centre et au nord-ouest; — 3º le bassin de la *Loire*, au centre et à l'ouest; — 4º le bassin de la *Gironde*, au sud et à l'ouest, composé des deux bassins de la *Dordogne* et de la *Garonne*; — 5º le bassin du *Rhône*, à l'est et au sud. — Des bassins secondaires moins importants se rattachent à chacun d'eux.

1º Bassin primaire du Rhin.

82. Le bassin primaire du *Rhin* renferme les départements arrosés par les cours d'eau qui se jettent dans le Rhin ou dans la mer du Nord. Trois bassins secondaires en dépendent, ceux de la *Moselle*, de la *Meuse* et de l'*Escaut*.

83. Le bassin du Rhin comprend deux départements.

— 81. En combien de bassins principaux peuvent se répartir tous les fleuves et toutes les rivières qui arrosent la France? Nommez ces bassins. Où est situé chacun de ces bassins? — 82. Que renferme le bassin du Rhin et quels bassins secondaires en dépendent? — 83. Combien de dé-

1. Pour chaque bassin, on donne la description des départements en partant toujours de la source du fleuve ou de son entrée en France, pour le suivre jusqu'à son embouchure.

Département du Haut-Rhin. — Chef-lieu : Colmar, centre de la fabrication des étoffes de coton et des toiles imprimées : 21,348 habit. — Villes principales : *Belfort*, ville forte; — *Mulhouse*, sur le canal du Rhône au Rhin, centre de la fabrication des toiles peintes et des mousselines; *Sainte-Marie-aux-Mines*, mines de plomb et de cuivre et nombreuses fabriques de cotonnades.

Département du Bas-Rhin. — Chef-lieu : Strasbourg, ville forte, très-belle et très-commerçante, près du Rhin : 75,565 habit. — Villes principales : *Saverne*, fabriques de quincaillerie; *Wissembourg*, ville forte; — *Haguenau*, importantes filatures de coton.

Bassin secondaire de la Moselle.

84. Le bassin de la Moselle comprend trois départements.

Département des Vosges. — Chef-lieu : Épinal, sur la Moselle : 10,984 habit. : dans les environs, nombreuses papeteries. — Villes principales : *Mirecourt*, fabriques d'instruments de musique; *Remiremont*, sur la Moselle; *Saint-Dié*, sur la Meurthe; — *Plombières*, eaux minérales; *Domremy*, lieu de naissance de Jeanne d'Arc.

partements comprend le bassin du Rhin? Quel est le chef-lieu du département du Haut-Rhin? Quelle est sa population? Quelles sont les villes principales? — Mêmes questions pour le département du Bas-Rhin. — 84. Combien de départements comprend le bassin de la Moselle?

Département de la Meurthe. — Chef-lieu : *Nancy*, sur la Meurthe : 45,129 habit. — Villes principales : *Lunéville*, sur la Meurthe; *Toul*, sur la Moselle; *Château-Salins*, importantes verreries; — *Dieuze*, grandes salines; *Roville*, ferme modèle et institut agricole.

Département de la Moselle. — Chef-lieu : *Metz*, ville forte sur la Moselle, industrieuse et commerçante : 57,713 habit. — Villes principales : *Thionville*, ville forte, sur la Moselle; *Sarreguemines*, importantes faïenceries.

Bassins secondaires au nord de la France.

85. Deux bassins secondaires qui versent leurs eaux dans la mer du Nord, ceux de la *Meuse* et de l'*Escaut*, sont situés à l'ouest du bassin du Rhin et au nord de la France.

Bassin de la Meuse.

86. Le bassin de la Meuse comprend deux départements.

Département de la Meuse. — Chef-lieu : *Bar-le-Duc*, commerce de calicots et de bonneterie : 14,816 habit. — Villes principales : *Verdun*, ville forte sur la Meuse; *Montmédy*, ville forte.

Quel est le chef-lieu du département des Vosges? Quelle est sa population? Nommez les villes principales. Mêmes questions pour les autres départements, etc. — 85. Quels sont les deux bassins secondaires qui versent leurs eaux dans la mer du Nord? — 86. Combien de départements comprend le bassin de la Meuse? Quel est le chef-lieu du département de la Meuse? Quelle est sa population? Dites les villes principales. Mêmes questions pour le

2. *Petite Géographie.*

Département des Ardennes. — Chef-lieu : Mézières, ville forte, sur la Meuse : 5,277 habit. — Villes principales : *Sedan*, sur la Meuse, ville forte, fabriques de draps renommés ; *Rocroy*, ville forte, forges aux environs ; *Rethel*, sur l'Aisne ; — *Charleville*, près de Mézières, sur la Meuse ; *Fumay*, exploitation d'ardoises.

Bassin de l'Escaut.

87. Le bassin de l'Escaut comprend deux départements.

Département du Pas-de-Calais. — Chef-lieu : Arras, ville forte, sur la Scarpe ; grand commerce d'huile de graines ; manufactures de batistes et de dentelles : 25,271 habit. — Villes principales : *Saint-Omer*, place forte ; *Boulogne*, port sur la Manche, fréquenté pour le passage de France en Angleterre ; — *Calais*, place forte, port sur le pas de Calais, aussi très-fréquenté pour le passage de France en Angleterre.

Département du Nord. — Chef-lieu : Lille, ville forte, une des villes les plus industrieuses et les plus commerçantes de la France, fabriques d'étoffes de laine et de dentelles : 75,795 habit. ; dans les environs, grande culture de colza dont on extrait de l'huile. — Villes principales : *Valenciennes*, ville forte, sur l'Escaut, fabriques de

---

département des Ardennes. — 87. Combien de départements comprend le bassin de l'Escaut? Dites le chef-lieu du département du Pas-de-Calais, sa population. Nommez les villes principales. Mêmes questions pour le département du Nord.

2.

dentelles : aux environs, grande culture de betteraves pour les fabriques de sucre; *Douai*, ville forte, sur la Scarpe; *Cambrai*, ville forte, sur l'Escaut; *Dunkerque*, port sur la mer du Nord, place forte; — *Roubaix* et *Tourcoing*, nombreuses fabriques d'étoffes de laine et de coton; *Anzin*, grande exploitation de mines de houille.

CHAPITRE VII.

Suite de la description des départements de la France.

2° Bassin primaire de la Seine.

88. Le bassin primaire de la Seine renferme les départements traversés par les cours d'eau qui se jettent dans la Seine ou dans la Manche. Sept bassins secondaires en dépendent, ceux de la *Marne*, de l'*Oise*, de l'*Yonne*, de l'*Eure*, de la *Somme*, de l'*Orne* et de la *Rance*.

89. Le bassin de la Seine comprend six départements.

DÉPARTEMENT DE LA CÔTE-D'OR. — Chef-lieu : DIJON, dans une plaine fertile : 32,253 habit. — Villes principales : *Beaune*, vins renommés; *Châtillon-sur-Seine*, usines et forges nombreuses.

DÉPARTEMENT DE L'AUBE. — Chef-lieu: TROYES, sur la Seine, nombreuses manufactures de toiles

QUESTIONS. — 88. Où est situé le bassin de la Seine? Quels sont les bassins secondaires qui en dépendent? — 89. Combien de départements comprend le bassin de la

et de bonneterie : 27,376 habit. — Villes principales : *Bar-sur-Aube*, commerce de céréales; *Nogent-sur-Seine*, commerce de bois et de charbon.

DÉPARTEMENT DE SEINE-ET-MARNE. — Chef-lieu : MELUN, sur la Seine : 10,395 habit. — Villes principales : *Meaux*, sur la Marne; *Fontainebleau*, belle forêt et magnifique château; — *Montereau*, au confluent de l'Yonne et de la Seine.

DÉPARTEMENT DE LA SEINE. — Chef-lieu : PARIS, sur la Seine, capitale de la France, le siége du gouvernement, une des villes les plus grandes, les plus industrieuses et les plus riches du monde, le centre des sciences, des lettres et des arts : 1,053,262 habit. — Villes principales : *Saint-Denis*, ancienne et célèbre abbaye; *Sceaux*, grand marché de bestiaux.

DÉPARTEMENT DE SEINE-ET-OISE. — Chef-lieu : VERSAILLES, magnifique château bâti par Louis XIV, aujourd'hui musée historique national : 35,367 habit. — Villes principales : *Corbeil*, sur la Seine, grand commerce de grains et de farines; — *Saint-Germain*, belle forêt; *Poissy*, sur la Seine, marché considérable de bestiaux; *Sèvres*, manufacture impériale de porcelaine; *Saint-Cloud*, château et jardins remarquables.

DÉPARTEMENT DE LA SEINE-INFÉRIEURE. — Chef-lieu : ROUEN, port maritime sur la Seine, une des villes les plus industrieuses de l'Europe et les plus commerçantes de la France; nom-

Seine? Quel est le chef-lieu du département de la Côte-d'Or? Quelle est sa population? Dites les villes principales. Mêmes questions pour les départements de l'Aube,

breuses fabriques de toiles connues sous le nom de *rouenneries* : 100,265 habit. — Villes principales: *le Havre*, sur la Manche, à l'embouchure de la Seine, port de commerce très-important, entrepôt de Paris avec le reste du monde; *Dieppe*, port sur la Manche ; *Neufchâtel*, fromages renommés ; — *Elbeuf*, belles manufactures de draps ; *Bolbec*, nombreuses fabriques d'indiennes; *Gournay*, beurre renommé.

Bassin secondaire de la Marne.

90. Le bassin de la Marne comprend deux départements.

DÉPARTEMENT DE LA HAUTE-MARNE. — Chef-lieu : CHAUMONT, sur un plateau élevé, près de la Marne : 6,374 habit. — Villes principales : *Langres*, coutellerie renommée ; *Vassy*, forges et usines nombreuses.

DÉPARTEMENT DE LA MARNE. — Chef-lieu : CHALONS-SUR-MARNE, école des arts et métiers : 15,854 habit. — Villes principales : *Reims*, fabriques d'étoffes de laine; *Épernay*, sur la Marne, vins de Champagne renommés.

Bassin secondaire de l'Oise.

91. Le bassin de l'Oise comprend deux départements.

de Seine-et-Marne, etc. — 90. Quels départements comprend le bassin de la Marne? Quel est le chef-lieu du département de la Haute-Marne? Quelle est sa population? Nommez les villes principales. Mêmes questions pour le département de la Marne. — 91. Quels départe-

DÉPARTEMENT DE L'AISNE. —Chef-lieu : *LAON*, sur une montagne : 10,098 habit. — Villes principales : *St-Quentin*, sur la Somme, fabriques de batistes, de dentelles et de tissus de coton ; *Soissons*, sur l'Aisne ; *Château-Thierry*, sur la Marne ; — *St-Gobain*, importante manufacture de glaces.

DÉPARTEMENT DE L'OISE. — Chef-lieu : *BEAUVAIS*, grande manufacture de tapisseries : 14,216 habit. — Villes principales : *Compiègne*, sur l'Oise, château et belle forêt ; — *Chantilly*, magnifique résidence.

Bassin secondaire de l'Yonne.

92. Le bassin de l'Yonne ne comprend qu'un département.

DÉPARTEMENT DE L'YONNE. — Chef-lieu : *AUXERRE*, sur l'Yonne ; grand commerce de bois : 14,166 habit. — Villes principales : *Sens*, sur l'Yonne ; *Joigny*, sur l'Yonne, vins renommés ; *Tonnerre*, vins renommés.

Bassin secondaire de l'Eure.

93. Le bassin de l'Eure comprend deux départements.

DÉPARTEMENT D'EURE-ET-LOIR. — Chef-lieu : *CHARTRES*, sur l'Eure, grand commerce de blé :

ments comprend le bassin de l'Oise ? Quel est le chef-lieu du département de l'Aisne ? Quelle est sa population ? Nommez les villes principales. Mêmes questions pour le département de l'Oise. — 92. Quel département est compris dans le bassin de l'Yonne ? Quel est le chef-lieu du département de l'Yonne ? Quelle est sa population ? Dites les villes principales ? — 93. Combien de départements

18,234 habit. — Villes principales : *Dreux*; *Nogent-le-Rotrou*, grand commerce de bestiaux.

Département de l'Eure. — Chef-lieu : Évreux, grand commerce en grains : 12,877 habit. — Villes principales : *Louviers*, sur l'Eure, importantes fabriques de draps; *Pont-Audemer*, tanneries renommées; — *Quillebœuf*, port sur la Seine; *Romilly*, fonderie considérable de cuivre.

Bassin secondaire au nord de la Seine.

94. Un bassin secondaire qui verse ses eaux dans la Manche, celui de la *Somme*, est situé au nord du bassin de la Seine.

Bassin de la Somme.

95. Le bassin de la Somme comprend un département.

Département de la Somme. — Chef-lieu : Amiens, sur la Somme : commerce considérable en velours, tapis et étoffes de laine : 52,149 habit. — Villes principales : *Abbeville*, sur la Somme, fabriques de draps et de moquettes; — *St-Valery*, port sur la Manche, à l'embouchure de la Somme; *Ham*, château fort.

comprend le bassin de l'Eure? Quel est le chef-lieu du département d'Eure-et-Loir? Dites sa population. Nommez les villes principales. Mêmes questions sur le département de l'Eure. — 94. Où est situé le bassin de la Somme? — 95. Quel département comprend le bassin de la Somme? Quel est le chef-lieu du département de la Somme? Quelle est sa population? Nommez les villes

Bassins secondaires à l'ouest de la Seine.

96. Deux bassins secondaires qui versent également leurs eaux dans la Manche, ceux de l'*Orne* et de la *Rance,* sont situés à l'ouest du bassin de la Seine.

Bassin de l'Orne.

97. Le bassin de l'Orne comprend trois départements.

DÉPARTEMENT DE LA MANCHE. — Chef-lieu : *St-Lô*, sur la Vire, fabriques de draps : 9,682 habit. — Villes principales : *Cherbourg,* port militaire sur la Manche; *Coutances,* commerce de grains; *Avranches,* fabriques de dentelles et de bougies; — *Granville,* port sur la Manche, armements considérables pour la pêche de la morue et de la baleine.

DÉPARTEMENT DE L'ORNE. — Chef-lieu : *Alençon*, sur la Sarthe, fabriques de toiles et de dentelles : 14,760 habit. — Villes principales : *Mortagne,* fabriques de toiles; — *l'Aigle,* grandes fabriques d'épingles; *Vimoutiers,* centre de la fabrication des toiles de cretonne; *Sées*, sur l'Orne, fabriques de basins.

DÉPARTEMENT DU CALVADOS. — Chef-lieu : *Caen*, port maritime, sur l'Orne, près de la Manche; commerce de bestiaux et de chevaux :

principales. — 96. Quels sont les bassins secondaires qui versent leurs eaux dans la Manche à l'ouest de celui de la Seine ? — 97. Quels départements comprend le bassin de l'Orne ? Quel est le chef-lieu du département de la Manche ? Quelle est sa population ? Nommez les villes

45,280 habit. — Villes principales : *Lisieux*, toiles renommées; *Bayeux*, fabriques de porcelaine; *Falaise*, teintureries importantes; — *Honfleur*, port sur la Manche, à l'embouchure de la Seine, vis-à-vis du Havre; *Isigny*, beurre et cidre renommés.

Bassin de la Rance.

98. Le bassin de la Rance comprend un département.

Département des Côtes-du-Nord. — Cheflieu : *St-Brieuc*, près de la Manche, ville maritime commerçante : 14,053 habit. — Villes principales : *Loudéac*, nombreuses fabriques de toiles fines dites de Bretagne; *Dinan*, sur la Rance; *Guingamp*, commerce de toiles.

CHAPITRE VIII.

Suite de la description des départements de la France.

3° Bassin primaire de la Loire.

99. Le bassin primaire de la Loire renferme les départements arrosés par les cours d'eau qui se jettent dans la Loire ou dans la partie nord-est

principales. Mêmes questions sur les départements de l'Orne et du Calvados. — 98. Quel est le département compris dans le bassin de la Rance? Nommez le chef-lieu du département des Côtes-du-Nord, sa population. Quelles sont les villes principales?

Questions. — 99. Où est situé le bassin de la Loire?

de l'océan Atlantique. Sept bassins secondaires en dépendent, ceux de la *Maine*, de l'*Allier*, du *Cher*, de la *Vienne*, de la *Vilaine*, de la *Sèvre niortaise* et de la *Charente*.

100. Le bassin de la Loire comprend huit départements.

DÉPARTEMENT DE LA HAUTE-LOIRE. — Chef-lieu : LE PUY, sur une montagne, près de la Loire, fabriques de dentelles et de blondes : 15,723 habit. — Villes principales : *Brioude*, sur l'Allier ; *Yssengeaux*, commerce de dentelles et de blondes.

DÉPARTEMENT DE LA LOIRE. — Chef-lieu : SAINT-ÉTIENNE, fabriques d'armes et de rubans de soie ; aux environs, grand nombre de houillères : 56,003 habit. — Villes principales : *Montbrison*, sur le penchant d'une montagne ; *Roanne*, sur la Loire, filature, tissage et teinture du coton ; — *Rive-de-Gier*, immenses exploitations de houille et fabriques de tôle et d'acier ; *Saint-Chamond*, fabrication de rubans de soie.

DÉPARTEMENT DE LA NIÈVRE. — Chef-lieu : NEVERS, au confluent de la Loire et de la Nièvre ; manufactures de faïence : 17,045 habit. — Villes principales : *Clamecy*, sur l'Yonne, grand commerce de bois ; *Cosne*, sur la Loire ; — *Pouilly*, vins blancs renommés.

DÉPARTEMENT DU LOIRET. — Chef-lieu : ORLÉANS, sur la Loire ; grand commerce de vins et

Quels sont les bassins secondaires qui en dépendent ? — 100. Combien de départements comprend le bassin de la Loire ? Quel est le chef-lieu du département de la Haute-

de vinaigres : 47,393 habit. — Villes principales : *Montargis*, sur le canal de Briare ; — *Beaugency*, vins renommés ; *Meung*, sur la Loire, fabriques de cuirs renommés.

Département de Loir-et-Cher. — Chef-lieu : *Blois*, sur la Loire : 17,749 habit. — Villes principales : *Vendôme*, sur le Loir ; *Romorantin*.

Département d'Indre-et-Loire. — Chef-lieu : *Tours*, sur la Loire, au milieu d'une plaine fertile ; grand commerce de grains et de fruits : 33,530 habit. — Villes principales : *Chinon*, sur la Vienne ; *Loches*, sur l'Indre.

Département de Maine-et-Loire. — Chef-lieu : *Angers*, sur la Maine, nombreuses carrières d'ardoises : 46,599 habit. — Villes principales : *Saumur*, sur la Loire, école de cavalerie ; — *Chollet*, fabriques de toiles et de mouchoirs.

Département de la Loire-Inférieure. — Chef-lieu : *Nantes*, port maritime sur la Loire, grande ville industrieuse et très-commerçante : 96,362 hab. — Villes principales : *Paimbœuf*, port sur la Loire, près de son embouchure ; *Ancenis*, sur la Loire. — *Guérande*, commerce de sel.

Bassin secondaire de la Maine.

101. Le bassin de la Maine comprend deux départements.

Département de la Sarthe. — Chef-lieu :

Loire ? Quelle est sa population ? Nommez les villes principales. Mêmes questions sur les départements de la Loire, de la Nièvre, etc. — 101. Quels départements com-

LE MANS, sur la Sarthe; grand commerce de bougies et de volaille : 27,059 habit. — Villes principales : *la Flèche*, sur le Loir, collége militaire; *Mamers*, fabriques de toiles.

DÉPARTEMENT DE LA MAYENNE. — Chef-lieu : LAVAL, sur la Mayenne, toiles renommées : 19,218 habit. — Villes principales : *Château-Gontier*, sur la Mayenne, fabriques de toiles; *Mayenne*, sur la même rivière.

Bassin secondaire de l'Allier.

102. Le bassin de l'Allier comprend deux départements.

DÉPARTEMENT DU PUY-DE-DÔME. — Chef-lieu : CLERMONT-FERRAND, le centre d'un grand commerce intérieur : 33,516 habit. — Villes principales : *Riom*, commerce important de serges et de quincaillerie; *Thiers*, coutellerie et papeteries renommées; — *Volvic*, exploitation de carrières de lave; *le Mont-Dore*, eaux thermales.

DÉPARTEMENT DE L'ALLIER. — Chef-lieu : MOULINS, sur l'Allier, coutellerie renommée : 17,318 habit. — Villes principales : *Montluçon*, sur le Cher; — *Vichy* et *Néris*, eaux thermales.

prend le bassin de la Maine? Quel est le chef-lieu du département de la Sarthe? Quelle est sa population? Nommez les villes principales. Mêmes questions pour le département de la Mayenne. — 102. Combien de départements comprend le bassin de l'Allier? Quel est le chef-lieu du département du Puy-de-Dôme? Quelle est sa population? Quelles sont les villes principales? Mêmes questions pour le département de l'Allier. — 103. Quels départe-

Bassin secondaire du Cher.

103. Le bassin du Cher comprend deux départements.

DÉPARTEMENT DU CHER. — Chef-lieu : *Bourges* : 25,037 habit. — Villes principales : *Sancerre*, sur une montagne, près de la Loire ; *Saint-Amand-Mont-Rond*, sur le Cher ; — *Vierzon*, forges et manufacture importante de porcelaine.

DÉPARTEMENT DE L'INDRE. — Chef-lieu : *Châteauroux*, sur l'Indre, commerce de laines et fabriques de draps : 15,931 habit. — Villes principales : *Issoudun*, fabriques de draps ; *la Châtre*, sur l'Indre, tanneries importantes.

Bassin secondaire de la Vienne.

104. Le bassin de la Vienne comprend trois départements.

DÉPARTEMENT DE LA CREUSE. — Chef-lieu : *Guéret*, près de la Creuse, grand commerce de bestiaux : 5,033 habit. — Villes principales : *Aubusson*, sur la Creuse, manufactures de tapis ; *Bourganeuf*, manufacture de porcelaine.

DÉPARTEMENT DE LA HAUTE-VIENNE. — Chef-lieu : *Limoges*, sur la Vienne, fabriques de porcelaine et de laines tissées, grand commerce de

ments comprend le bassin du Cher ? Quel est le chef-lieu du département du Cher ? Quelle est sa population ? Dites les villes principales. Mêmes questions pour le département de l'Indre. — 104. Quels sont les départements compris dans le bassin de la Vienne ? Quel est le chef-lieu du département de la Creuse ? Dites sa population. Quelles sont les villes principales ? Mêmes questions pour

chevaux : 41,630 habit. — Ville principale : *Saint-Yrieix*, fabriques de porcelaine.

Département de la Vienne. — Chef-lieu : Poitiers, antiquités remarquables : 29,277 habit. — Ville principale : *Châtellerault*, sur la Vienne, coutellerie renommée.

Bassin secondaire au nord-ouest de la Loire.

105. Un bassin secondaire qui jette ses eaux dans l'océan Atlantique, celui de la *Vilaine*, est situé au nord-ouest du bassin de la Loire, dans la presqu'île de Bretagne.

Bassin de la Vilaine.

106. Le bassin de la Vilaine comprend trois départements :

Département du Finistère. — Chef-lieu : Quimper, commerce assez considérable : 10,904 habit. — Villes principales : *Brest*, port militaire sur l'Océan, un des ports les plus beaux et les plus sûrs de l'Europe ; *Morlaix*, port avec une rade sûre.

Département du Morbihan. — Chef-lieu : Vannes, près du golfe du Morbihan, ville maritime commerçante : 13,585 habit. — Villes principales : *Lorient*, port militaire ; *Napoléonville (Pontivy)*, sur le Blavet.

---

les départements de la Haute-Vienne et de la Vienne. — 105. Quel est le bassin qui se rattache au bassin de la Loire au nord-ouest ? — 106. Quels départements comprend le bassin de la Vilaine ? Quel est le chef-lieu du département du Finistère ? Quelle est sa population ? Nom-

Département d'Ille-et-Vilaine. — Chef-lieu : *Rennes*, au confluent de l'Ille et de la Vilaine, fabriques de toiles et grand commerce du beurre dit de la Prévalaye : 39,505 habit. — Villes principales : *St-Malo*, port sur la Manche, armements considérables pour la pêche de la morue ; *Redon*, port de commerce sur la Vilaine ; — *Cancale*, sur la Manche, huîtres renommées.

Bassins secondaires au sud de la Loire.

107. Deux bassins secondaires qui jettent également leurs eaux dans l'océan Atlantique, ceux de la *Sèvre niortaise* et de la *Charente*, sont situés au sud du bassin de la Loire, entre ce fleuve et la Gironde.

Bassin de la Sèvre niortaise.

108. Le bassin de la Sèvre niortaise comprend deux départements.

Département des Deux-Sèvres. — Chef-lieu : *Niort*, sur la Sèvre niortaise, fabriques de ganterie : 17,272 habit. — Ville principale : *Melle*, grand commerce de bestiaux.

Département de la Vendée. — Chef-lieu : *Napoléon*, ville toute moderne : 7,498 habit. — Villes principales : *les Sables-d'Olonne*, port sur l'Océan ; *Fontenay-le-Comte*, sur la Vendée.

mez les villes principales. Mêmes questions sur les autres départements. — 107. Quels bassins secondaires remarque-t-on au sud de celui de la Loire ? — 108. Combien de départements comprend le bassin de la Sèvre niortaise ? Quel est le chef-lieu du département des Deux-Sèvres ? Quelle est sa population ? Quelle autre ville y remarque-t-on ? Mêmes questions pour le département de la Vendée.

Bassin de la Charente.

109. Le bassin de la Charente comprend deux départements.

DÉPARTEMENT DE LA CHARENTE. — Chef-lieu : ANGOULÊME, sur une colline, près de la Charente, papeteries et distilleries renommées : 21,155 habit. — Villes principales : *Cognac*, sur la Charente, eaux-de-vie renommées ; *Ruffec*, sur la Charente, grand commerce de truffes.

DÉPARTEMENT DE LA CHARENTE-INFÉRIEURE. — Chef-lieu : LA ROCHELLE, port sur l'Océan, place forte ; commerce maritime très-actif : 16,507 habit. — Villes principales : *Rochefort*, port militaire, sur la Charente, près de l'Océan ; *Saintes*, sur la Charente.

CHAPITRE IX.

Suite de la description des départements de la France.

4° Bassin primaire de la Gironde.

110. La Gironde forme un grand bassin situé au sud et à l'ouest de la France. Il renferme les départements traversés par les cours d'eau qui se

---

— 109. Combien de départements comprend le bassin de la Charente ? Quel est le chef-lieu du département de la Charente ? Dites sa population. Quelles sont les villes principales ? Mêmes questions pour le département de la Charente-Inférieure.

QUESTIONS. — 110. Où est situé le bassin de la Gironde ?

jettent dans la Gironde ou dans la partie sud-ouest de l'océan Atlantique, et se compose des deux bassins primaires de la *Dordogne* et de la *Garonne*. Cinq bassins secondaires en dépendent, ceux de l'*Ariége*, du *Tarn*, du *Lot*, du *Gers* et de l'*Adour*.

Bassin de la Dordogne.

111. Le bassin de la Dordogne, situé au centre et au sud de la France, comprend trois départements.

DÉPARTEMENT DU CANTAL. — Chef-lieu : AURILLAC, grand commerce de chaudronnerie : 10,917 habit. — Villes principales : *Saint-Flour*, commerce de chevaux; *Mauriac*.

DÉPARTEMENT DE LA CORRÈZE. — Chef-lieu : TULLE, sur la Corrèze, fabriques d'armes et de dentelles : 11,895 habit. — Ville principale : *Brives*, sur la Corrèze.

DÉPARTEMENT DE LA DORDOGNE. — Chef-lieu : PÉRIGUEUX, sur l'Isle, grand commerce de truffes et de fer : 13,547 habit. — Villes principales : *Bergerac*, sur la Dordogne; *Ribérac*, commerce de grains.

Bassin de la Garonne.

112. Le bassin de la Garonne, situé au sud et à l'ouest de la France, comprend quatre départements.

De quoi se compose-t-il? — Quels sont les bassins secondaires qui en dépendent? — 111. Où est situé le bassin de la Dordogne? Combien de départements comprend-il? Quel est le chef-lieu du département du Cantal? Quelle est sa population? Nommez les villes principales. Mêmes questions pour le département de la Corrèze, etc. — 112.

DÉPARTEMENT DE LA HAUTE-GARONNE. — Chef-lieu : *Toulouse*, sur la Garonne, à sa jonction avec le canal du Midi, une des plus anciennes villes de France : 93,379 habit. — Villes principales : *Saint-Gaudens*, sur la Garonne ; *Villefranche*, près du canal du Midi.

DÉPARTEMENT DE TARN-ET-GARONNE. — Chef-lieu : *Montauban*, sur le Tarn ; commerce de grains et d'épiceries : 24,726 habit. — Ville principale : *Moissac*, sur le Tarn.

DÉPARTEMENT DE LOT-ET-GARONNE. — Chef-lieu : *Agen*, sur la Garonne, entrepôt du commerce entre Bordeaux et Toulouse : 16,027 habit. — Villes principales : *Villeneuve-d'Agen*, sur le Lot ; *Marmande*, près de la Garonne.

DÉPARTEMENT DE LA GIRONDE. — Chef-lieu : *Bordeaux*, port maritime, sur la Garonne, une des villes les plus industrieuses et les plus commerçantes de l'Europe ; vins renommés : 130,927 habit. — Villes principales : *Libourne*, port maritime, au confluent de l'Isle et de la Dordogne ; *la Réole*, sur la Garonne.

Bassin secondaire de l'Ariége.

113. Le bassin de l'Ariége comprend un département.

DÉPARTEMENT DE L'ARIÉGE. — Chef-lieu :

Où est situé le bassin de la Garonne ? Combien de départements comprend-il ? Quel est le chef-lieu du département de la Haute-Garonne ? Quelle est sa population ? Nommez les villes principales. Mêmes questions pour les départements de Tarn-et-Garonne, de Lot-et-Garonne, etc. — 113. Combien de départements com-

Foix, sur l'Ariége; carrières de marbre et forges : 4,684 habit. — Villes principales : *Pamiers*, sur l'Ariége, forges importantes; *Saint-Girons*, grand commerce avec l'Espagne.

Bassin secondaire du Tarn.

114. Le bassin du Tarn comprend trois départements.

DÉPARTEMENT DE LA LOZÈRE. — Chef-lieu : MENDE, sur le Lot; fabriques d'étoffes de laine : 6,994 habit. — Ville principale : *Marvéjols*, fabriques de serges.

DÉPARTEMENT DE L'AVEYRON. — Chef-lieu : RHODEZ, sur l'Aveyron; commerce de bestiaux : 10,280 habit. — Villes principales : *Milhau*, sur le Tarn; *Saint-Affrique*, fabriques de draps; — *Roquefort*, fromages renommés.

DÉPARTEMENT DU TARN. — Chef-lieu : ALBY, sur le Tarn, importantes fabriques de draps : 13,788 habit. — Villes principales : *Castres*, fabriques de draps; *Gaillac*, sur le Tarn.

Bassin secondaire du Lot.

115. Le bassin du Lot comprend un département.

prend le bassin de l'Ariége? Quel est le chef-lieu du département de l'Ariége? Quelle est sa population? Nommez les villes principales. — 114. Quels départements comprend le bassin du Tarn? Quel est le chef-lieu du département de la Lozère? Quelle est sa population? Nommez les villes principales. Mêmes questions sur les départements de l'Aveyron et du Tarn. — 115. Quel est le dé-

DÉPARTEMENT DU LOT. — Chef-lieu : *CAHORS*, sur le Lot, grand commerce de vins : 13,350 habit. — Ville principale : *Figeac*.

Bassin secondaire du Gers.

116. Le bassin du Gers comprend un département.

DÉPARTEMENT DU GERS. — Chef-lieu : *AUCH*, sur le Gers, nombreuses distilleries : 12,141 habit. — Villes principales : *Condom*, *Mirande*.

Bassin secondaire au sud de la Gironde.

117. Un bassin secondaire qui jette ses eaux dans l'océan Atlantique, celui de l'*Adour*, est compris entre la Gironde et les Pyrénées ou la frontière du sud-ouest.

Bassin de l'Adour.

118. Le bassin de l'Adour comprend trois départements.

DÉPARTEMENT DES HAUTES-PYRÉNÉES. — Chef-lieu : *TARBES*, sur l'Adour : 14,004 habit. — Villes principales : *Bagnères* et *Baréges*, eaux minérales.

partement compris dans le bassin du Lot? Quel est le chef-lieu du département du Lot? Quelle est sa population? Quelle autre ville y remarque-t-on? — 116. Quel département comprend le bassin du Gers et quel est le chef-lieu de ce département? Quelle est la population de ce chef-lieu? Quelles autres villes y remarque-t-on? — 117. Quel est le bassin secondaire entre la Gironde et les Pyrénées? — 118. Combien de départements comprend le bassin de l'Adour? Quel est le chef-lieu du départe-

Département des Basses-Pyrénées. — Chef-lieu : *Pau*, sur le gave ou la rivière de Pau : 16,196 habit. — Villes principales : *Bayonne*, port maritime sur l'Adour, près de l'Océan, chocolats et jambons renommés, grand commerce avec l'Espagne ; *Orthez*, sur le gave de Pau, commerce de sel ; *les Eaux-Bonnes*, eaux minérales.

Département des Landes. — Chef-lieu : *Mont-de-Marsan* : 4,655 habit. — Villes principales : *Saint-Sever*, près de l'Adour ; *Dax*, sur l'Adour, eaux minérales ; — *Aire*, sur l'Adour.

5° Bassin primaire du Rhône.

119. Le bassin primaire du Rhône renferme les départements traversés par les cours d'eau qui se jettent dans le Rhône ou dans la mer Méditerranée. Six bassins secondaires en dépendent, ceux de la *Saône*, de l'*Isère*, de la *Durance*, de l'*Hérault*, de l'*Aude* et du *Var*.

120. Le bassin du Rhône comprend cinq départements.

Département de l'Ain. — Chef-lieu : *Bourg*, grand commerce de grains : 12,068 habit. — Villes principales : *Belley*, près du Rhône ; fabrication des fromages de Gruyère ; *Trévoux*, sur la Saône ; *Gex*, au milieu des montagnes du Jura.

ment des Hautes-Pyrénées ? Quelle est sa population ? Nommez les villes principales. Mêmes questions pour les autres départements. — 119. Où est situé le bassin du Rhône ? Quels sont les bassins secondaires qui en dépendent ? — 120. Combien de départements comprend le

DÉPARTEMENT DU RHÔNE. — Chef-lieu : *LYON*, au confluent du Rhône et de la Saône, la seconde ville de France sous le rapport de l'industrie, de la richesse et de la population ; fabrication et commerce considérable de soieries, 249,325 habit. — Villes principales : *Villefranche*, près de la Saône ; — *Tarare*, fabriques de mousselines.

DÉPARTEMENT DE L'ARDÈCHE. — Chef-lieu : *PRIVAS*, commerce de soie : 5,278 habit. — Villes principales : *Tournon*, sur le Rhône ; — *Bourg-St-Andéol*, sur le Rhône, grand commerce de soie ; *Annonay*, papeteries ; *Viviers*, sur le Rhône.

DÉPARTEMENT DU GARD. — Chef-lieu : *NIMES*, manufactures de soieries : 53,619 habit. — Villes principales : *Alais*, ville commerçante ; — *Beaucaire*, où se tient annuellement une des foires les plus considérables de l'Europe.

DÉPARTEMENT DES BOUCHES-DU-RHÔNE. — Chef-lieu : *MARSEILLE*, port sur la Méditerranée, une des plus anciennes villes de France, commerce très-important avec toutes les parties du monde, et surtout avec l'Orient : 195,257 habit. — Villes principales : *Aix*, ville très-ancienne ; grand commerce d'huile d'olive ; *Arles*, sur le Rhône ; — *la Ciotat*, port sur la Méditerranée.

bassin du Rhône ? Quel est le chef-lieu du département de l'Ain ? Quelle est sa population ? Nommez les villes principales. Mêmes questions pour les départements du Rhône, de l'Ardèche, etc. — 121. Combien de départe-

Bassin secondaire de la Saône.

121. Le bassin de la Saône comprend quatre départements.

DÉPARTEMENT DU JURA. — Chef-lieu : *Lons-le-Saunier*, tanneries renommées : 9,410 habit. — Villes principales : *Dôle*, sur le Doubs ; *Saint-Claude*, grande fabrication d'ouvrages en corne, en buis et en ivoire.

DÉPARTEMENT DU DOUBS. — Chef-lieu : *Besançon*, ville forte, sur le Doubs, importantes fabriques d'horlogerie : 41,295 habit. — Villes principales : *Pontarlier*, entrepôt du commerce entre la France et la Suisse ; *Baume-les-Dames*, sur le Doubs.

DÉPARTEMENT DE LA HAUTE-SAÔNE. — Chef-lieu : *Vesoul*, sur le Drugeon, grand commerce de grains et de fers : 6,621 habit. — Villes principales : *Gray*, sur la Saône ; *Lure*, nombreuses usines ; — *Luxeuil*, eaux minérales.

DÉPARTEMENT DE SAÔNE-ET-LOIRE. — Chef-lieu : *Macon*, sur la Saône, grand commerce de vins de Bourgogne : 14,883 habit. — Villes principales : *Châlons-sur-Saône*, ville d'entrepôt très-importante ; *Autun*, ville très-ancienne.

Bassin secondaire de l'Isère

122. Le bassin de l'Isère comprend deux départements.

---

ments comprend le bassin de la Saône ? Quel est le chef-lieu du département du Jura ? Quelle est sa population ? Nommez les villes principales. Mêmes questions pour les départements du Doubs, de la Haute-Saône, etc. — 122

Département de l'Isère. —Chef-lieu : *Grenoble*, ville forte, sur l'Isère, nombreuses fabriques de gants : 31,340 habit. — Villes principales : *Vienne*, sur le Rhône, manufactures de draps; *Saint-Marcellin*, près de l'Isère.

Département de la Drôme. — Chef-lieu : *Valence*, sur le Rhône, commerce assez considérable de vins et de soie : 16,122 habit. — Villes principales : *Die*, sur la Drôme; *Nyons*, importantes magnaneries; *Montélimar*, près du Rhône.

Bassin secondaire de la Durance.

123. Le bassin de la Durance comprend trois départements.

Département des Hautes-Alpes. — Chef-lieu : *Gap* : 8,797 habit. — Villes principales : *Briançon*, ville forte, près de la source de la Durance; *Embrun*, sur un rocher.

Département des Basses-Alpes. — Chef-lieu : *Digne*, commerce de fruits secs : 4,781 habit. — Villes principales : *Barcelonnette;* — *Manosque*, commerce de grains et d'huiles.

Département de Vaucluse. — Chef-lieu :

Quels départements comprend le bassin de l'Isère ? Quel est le chef-lieu du département de l'Isère ? Quelle est sa population ? Quelles sont les villes principales ? Mêmes questions sur le département de la Drôme. — 123. Combien de départements comprend le bassin de la Durance ? Quel est le chef-lieu du département des Hautes-Alpes ? Quelle est sa population ? Quelles villes y remarque-t-on ? Mêmes questions sur les départements

Avignon, sur le Rhône ; commerce de la garance et des soieries : 35,890 habit. — Villes principales : *Orange ; Carpentras.*

Bassins secondaires au sud-ouest du Rhône.

124. Deux bassins secondaires qui jettent leurs eaux dans la Méditerranée, ceux de l'*Hérault* et de l'*Aude*, sont compris entre le Rhône et les Pyrénées ou la frontière du sud.

Bassin de l'Hérault.

125. Le bassin de l'Hérault ne comprend qu'un département.
Département de l'Hérault. — Chef-lieu : Montpellier, commerce important en vins et en eaux-de-vie : 45,811 habit. — Villes principales : *Béziers,* près du canal du Midi, commerce d'eaux-de-vie, *Lodève*, nombreuses fabriques de draps ; — *Cette,* port sur la Méditerranée, grand commerce.

Bassin de l'Aude.

126. Le bassin de l'Aude comprend deux départements.
Département des Pyrénées-Orientales. — Chef-lieu : Perpignan, ville forte, sur le Tet, près de la Méditerranée ; grand commerce de vins et

des Basses-Alpes et de Vaucluse. — 124. Quels sont les bassins secondaires entre le Rhône et les Pyrénées ? — 125. Combien de départements comprend le bassin de l'Hérault ? Quel est le chef-lieu du département de l'Hérault ? Quelle est sa population ? Nommez les villes principales. — 126. Quels départements comprend le bassin

de laines : 21,783 habit. — Villes principales : *Collioure*, port sur la Méditerranée; *Port-Vendres*, sur la même mer.

Département de l'Aude. — Chef-lieu : Carcassonne, sur l'Aude et près du canal du Midi : fabriques de draps : 20,005 habit. — Villes principales : *Narbonne*, ville très-ancienne, miel renommé; *Limoux*, sur l'Aude, vins blancs renommés.

Bassin secondaire au sud-est de la France.

127. Un bassin secondaire qui jette également ses eaux dans la Méditerranée, celui du *Var*, est compris entre le Rhône et la frontière de l'est.

Bassin du Var.

128. Le bassin du Var comprend un département.

Département du Var. — Chef-lieu : Draguignan, fabriques de produits chimiques : 8,972 habit. — Villes principales : *Toulon*, port militaire sur la Méditerranée ; *Grasse*, parfumerie renommée; *Brignolles*, fruits excellents ; — *Hyères*, jardins d'orangers.

de l'Aude? Quel est le chef-lieu du département des Pyrénées-Orientales? Quelle est sa population? Nommez les villes principales. Mêmes questions pour le département de l'Aude. — 127. Quel est le bassin secondaire entre le Rhône et la frontière de l'est? — 128. Combien de départements comprend le bassin du Var? Quel est le chef-lieu du département du Var? Quelle est sa population? Nommez les villes principales. — 129. Où est située l'île de Corse?

Ile de Corse.

129. DÉPARTEMENT DE LA CORSE. — L'île de Corse, située dans la Méditerranée, à 130 kil. du continent, produit du blé, du vin, des oranges, et possède de vastes forêts, des carrières de marbre et des mines de fer. — Chef-lieu : AJACCIO, port à l'O. : 11,944 habit. — Villes principales : *Bastia*, port de mer au nord; *Corté*, au centre de l'île.

CHAPITRE X.

Belgique.

SUPERFICIE. 30,000 kilomètres carrés.
POPULATION. 4,500,000 habitants.

130. Position. Le royaume de Belgique est situé au nord de la France.

131. Bornes. Au N., la Hollande; — à l'E., la Hollande et l'Allemagne; — au S., la France; — à l'O., la France et la mer du Nord.

132. Division. La Belgique se divise en neuf provinces, dont cinq sont comprises dans le bassin de l'Escaut et quatre dans le bassin de la Meuse.

Quel est le chef-lieu de ce département? Quelle est sa population? Nommez les villes principales.
QUESTIONS. — 130. Quelle est la position de la Belgique, sa population? — 131. Quelles sont ses bornes? — 132. Combien de provinces comprend-elle? — 133. Quels

133. Fleuves. Deux fleuves principaux arrosent la Belgique : la *Meuse*, qui vient de la France et entre en Hollande, après avoir reçu la *Sambre* et l'*Ourthe*; — l'*Escaut*, qui a aussi sa source en France, et qui, après avoir reçu la *Lys* et le *Rupel*, se rend également en Hollande.

134. Productions. Le sol de la Belgique, fertile et très-bien cultivé, produit des céréales, du lin et du tabac. On y trouve de riches mines de houille.

135. Villes principales. BRUXELLES, au centre, capitale, grande et belle ville, avec une industrie très-active et un commerce considérable qui ont pour objets principaux les dentelles et la librairie : 145,000 habit. — Au centre, *Malines*, nombreuses fabriques de dentelles. — Au N., *Anvers*, ville forte, sur l'Escaut, avec un vaste port, immense commerce maritime. — A l'E., *Liége*, au confluent de l'Ourthe et de la Meuse, commerce très-important, forges nombreuses; *Spa*, eaux minérales. — Au S., *Namur*, ville forte, sur la Meuse et la Sambre, fabriques d'armes et de coutellerie; *Mons*, ville forte, grande exploitation de mines de houille. — A l'O., *Tournay*, sur l'Escaut, fabriques de tapis renommés; *Gand*, au confluent de la Lys et de l'Escaut, la plus grande ville de la Belgique, et la plus importante par l'étendue de son commerce; *Ostende*, port sur la mer du Nord, très-commerçant.

sont ses fleuves? — 134. Quelles sont ses productions?— 135. Quelle est la capitale de la Belgique? Nommez les

Hollande.

SUPERFICIE. 35,000 kilomètres carrés.
POPULATION. 3,000,000 d'habitants.

136. **Position.** Le royaume de Hollande, nommé aussi Néerlande et Pays-Bas, est situé au nord de la Belgique.

137. **Bornes.** Au N. et à l'O., la mer du Nord; — à l'E., l'Allemagne; — au S., la Belgique.

138. **Division.** La Hollande se divise en onze provinces, dont une, le grand-duché de *Luxembourg*, séparé du reste du royaume par la Belgique, fait partie de la Confédération germanique.

139. **Fleuves.** Trois fleuves importants arrosent la Hollande : le *Rhin*, qui vient de l'Allemagne; la *Meuse* et l'*Escaut*, qui viennent de la Belgique et y ont leurs embouchures.

140. **Golfes et Lacs.** Parmi les golfes il faut citer le *Zuiderzée*, l'ancien lac Flevo, réuni à la mer par une inondation; et parmi les lacs, celui de *Harlem*, nommé aussi *mer de Harlem*.

141. **Productions.** Le sol de la Hollande, en général peu fertile, mais habilement cultivé, produit du blé, du tabac, de la garance. Les pâturages y sont excellents, et la culture des fleurs y est faite avec beaucoup de succès.

142. **Villes principales.** *LA HAYE*, à l'O., près

autres villes importantes. — 136. Quelle est la position de la Hollande ? sa population ? — 137. Dites ses bornes. — 138. Comment se divise-t-elle ? — 139. Nommez les principaux fleuves; — 140. les principaux golfes et lacs. — 141. Quelles sont les productions de la Hollande ?—142.

de la mer du Nord, capitale : 65,000 habit. — Au centre, *Amsterdam*, port près du Zuiderzée, la ville la plus importante de la Hollande, et l'une des plus belles et des plus commerçantes de l'Europe : 220,000 habit.; *Harlem*, près du lac de ce nom, commerce de fleurs très-considérable; *Utrecht*, sur le Rhin, fabrique de velours. — Au S., *Maëstricht*, sur la Meuse, ville très-forte; *Luxembourg*, une des plus fortes places de l'Europe. — A l'O., *Rotterdam*, port sur la Meuse, ville très-commerçante; *Flessingue*, avec un vaste port, dans l'île de Walcheren.

143. Possessions hors de l'Europe. La Hollande a des colonies importantes qui sont pour elle l'objet d'un grand commerce maritime; en Afrique, des établissements sur les côtes de la Guinée; en Amérique, plusieurs îles, entre autres Curaçao; dans l'Océanie, une grande partie des îles Sumatra, Java et Bornéo et les Moluques, formant un gouvernement dit des Indes orientales.

Suisse.

Superficie. 40,000 kilomètres carrés.
Population. 2,400,000 habitants.

144. Position. La république suisse ou Confédération helvétique est à l'est de la France.

145. Bornes. Au N., la France et l'Allemagne; — à l'E., l'Allemagne et l'Italie; — au S., l'Italie; — à l'O., la France.

Quelles sont les villes importantes? — 143. Les Hollandais ont-ils des possessions hors de l'Europe? — 144. Quelle est la position de la Suisse? sa population? — 145. Quelles sont ses bornes? — 146. Comment se di-

146. Division. La république suisse se divise en vingt-deux cantons indépendants les uns des autres et formant une ligue ou confédération pour leur défense commune.

147. Montagnes. La Suisse forme un plateau élevé : elle est sillonnée par plusieurs branches qui font partie de la chaîne des Alpes. Les sommets les plus élevés sont : le *Simplon*, le *Grand Saint-Bernard*, le *Saint-Gothard*.

148. Lacs. La Suisse renferme un grand nombre de lacs, dont les principaux sont : les lacs *Léman* ou de *Genève*, de *Neuchâtel*, de *Constance*, de *Zurich* et de *Lucerne* ou des *Quatre-Cantons*.

149. Productions. La Suisse produit peu de grains, mais elle possède d'excellents pâturages. Les autres productions principales sont le chanvre et le lin, le fer, le plomb, le marbre et l'albâtre.

150. Villes principales. BERNE, capitale de la Confédération, sur l'Aar, belle ville très-commerçante : 22,000 habit.; — Au N., *Bâle*, sur le Rhin, fabriques de soie et papeteries; *Schaffhouse*, sur le Rhin; *Zurich*, sur le lac du même nom. — A l'O., *Genève*, sur le Rhône et sur le lac de Genève, la ville la plus importante de la Suisse par les sciences, l'industrie et le commerce : 28,000 habit.; *Lausanne*, admirablement située près du lac de Genève; *Fribourg*, importants établissements littéraires; *Neuchâtel*, sur le lac du même nom.

vise la Suisse? — 147. Nommez les montagnes; — 148. les lacs. — 149. Dites les productions de la Suisse. — 150. Quelles sont les villes principales de la Suisse?

CHAPITRE XI.

Allemagne ou Confédération germanique.

SUPERFICIE. 640,000 kilomètres carrés.
POPULATION. 40,000,000 d'habitants.

151. Notions générales. La Confédération germanique se compose de 36 États, dont 32 forment l'Allemagne propre. Les quatre autres, c'est-à-dire l'Autriche, la Prusse, la Hollande et le Danemark, n'ont qu'une partie de leur territoire comprise dans la Confédération.

La Confédération germanique a été établie pour assurer le maintien et la sûreté intérieure et extérieure de l'Allemagne, ainsi que l'indépendance et l'inviolabilité des États confédérés.

Allemagne propre.

SUPERFICIE. 280,000 kilomètres carrés.
POPULATION. 20,000,000 d'habitants.

152. Position. L'Allemagne propre occupe une partie de l'Europe centrale, au nord-est de la France.

QUESTIONS. — 151. Quels sont les États que comprend la Confédération germanique? Quelle est la population de toute la Confédération? — 152. Où est située l'Allemagne propre? Quelle est sa population? — 153. Quelles

153. Bornes. Au N., la mer du Nord, le Danemark et la mer Baltique ; — à l'E., la Prusse et l'Autriche ; — au S., l'Autriche et la Suisse ; — à l'O., la France, la Prusse rhénane et la Hollande.

154. Division. L'Allemagne propre se compose, comme nous l'avons dit, de trente-deux États indépendants, dont les plus importants sont les quatre royaumes de Bavière, de Wurtemberg, de Saxe et de Hanovre, les grands-duchés de Bade, de Hesse-Darmstadt et de Mecklembourg-Schwerin, et l'électorat de Hesse-Cassel.

155. Productions. Le sol de l'Allemagne produit toutes les espèces de céréales, des fruits, des vins très-estimés, du lin, du chanvre, du tabac. On y trouve des mines de fer, de cuivre, de plomb, d'argent, et des carrières d'albâtre et de marbre.

Royaume de Bavière.

156. Notions générales. Le royaume de Bavière, dont la population est de 4,520,000 habit., est situé dans la partie sud-est de l'Allemagne propre, au N. et à l'O. de l'Autriche. Il se compose de deux parties distinctes, la *Bavière proprement dite* et la *Bavière rhénane* ; cette dernière est séparée du reste de la Bavière par le royaume de Wurtemberg et le grand-duché de Bade.

sont ses bornes ? — 154. De combien d'États se compose-t-elle ? Quels sont les plus importants ? — 155. Quelles sont les principales productions de l'Allemagne ? — 156. Quelle est la population du royaume de Bavière ? —

157. Villes principales. *Munich*, capitale, une des plus belles villes de l'Allemagne : 100,000 habit. — *Augsbourg*, commerce important. — *Nuremberg*, industrie florissante ; les montres y ont été inventées. — *Spire*, sur le Rhin. — *Deux-Ponts*, publications littéraires. — *Landau*, ville très-forte.

Royaume de Wurtemberg.

158. Notions générales. Le royaume de Wurtemberg, dont la population est de 1,800,000 habitants, est situé dans la partie sud-ouest de l'Allemagne propre, à l'ouest de la Bavière.

159. Villes principales. *Stuttgart*, capitale, au milieu d'une belle campagne : 40,000 habit. — *Ulm*, sur le Danube. — *Friedrichshafen*, port sur le lac de Constance.

Royaume de Saxe.

160. Notions générales. Le royaume de Saxe, dont la population est de 1,890,000 habitants, est situé dans la partie orientale de l'Allemagne propre, au sud de la Prusse. Ce pays est riche en minéraux, surtout en mines d'argent ; ses toiles et ses porcelaines sont très-renommées.

161. Villes principales. *Dresde*, sur l'Elbe, capitale, magnifiques établissements publics : 75,000 habit. — *Leipsick*, commerce très-considérable pour la librairie.

157. Nommez sa capitale. Dites les villes principales et ce qu'elles offrent de plus remarquable. — De 158 à 167. Mêmes questions pour les royaumes de Wurtemberg, de

ALLEMAGNE PROPRE.

Royaume de Hanovre.

162. Notions générales. Le royaume de Hanovre, dont la population est de 1,760,000 habit., est situé dans la partie nord-ouest de l'Allemagne propre, sur la mer du Nord. Ce pays élève un grand nombre de chevaux très-estimés.

163. Villes principales. *HANOVRE*, capitale : 32,000 habit. — *Emden*, bon port, très-commerçant. — *Gœttingue*, célèbres établissements d'instruction publique. — *Goslar*, riche mine de cuivre.

Grand-duché de Bade.

164. Description générale. Le grand-duché de Bade est situé dans la partie de l'Allemagne propre, le long de la rive droite du Rhin, qui le sépare de la Suisse, de la France et de la Bavière rhénane. Les villes principales sont *CARLSRUHE*, capitale, belle ville moderne : 25,000 habit.; *Kehl*, sur le Rhin, en face de Strasbourg; *Constance*, sur le lac de ce nom; *Bade*, eaux minérales.

Grand-duché de Hesse-Darmstadt.

165. Description générale. Le grand-duché de Hesse-Darmstadt est situé dans la partie centrale de l'Allemagne, au nord du grand-duché de Bade. Les villes principales sont : *DARMSTADT*, capitale : 28,000 habit.; *Mayence*, ville forte, sur le Rhin; *Worms*, ville très-ancienne.

Saxe, de Hanovre, les grands-duchés de Bade et de Hesse-Darmstadt, l'électorat de Hesse-Cassel et le grand-duché

Électorat de Hesse-Cassel.

166. Description générale. L'électorat de Hesse-Cassel ou Hesse électorale est également situé dans la partie centrale de l'Allemagne, au nord du grand-duché de Hesse-Darmstadt. Les villes principales sont : *Cassel*, capitale: 30,000 habit.; *Hanau*.

Grand-duché de Mecklembourg-Schwerin.

167. Description générale. Le grand-duché de Mecklembourg-Schwerin est situé dans la partie septentrionale de l'Allemagne, le long de la mer Baltique, au nord-ouest de la Prusse. Ce pays fait un grand commerce de chevaux estimés. Les villes principales sont : *Schwerin*, capitale, sur le lac de ce nom : 15,000 habit.; *Rostock*, ville maritime commerçante; *Ludwigslust*, magnifique château ducal.

États secondaires et villes libres.

168. Villes principales. *Francfort-sur-le-Mein*, au S., capitale de toute la Confédération et de la république de même nom; industrie et commerce très-importants: 47,000 habit;—à l'O., *Wisbade*, capitale du duché de Nassau, eaux minérales; — au centre : *Brunswick*, capitale du duché du même nom; *Weimar*, capitale du grand-duché de Saxe-Weimar; *Gotha*, capitale du grand-

de Mecklembourg - Schwerin. — 168. Quelles sont les villes principales des États secondaires? Quelles sont les villes libres?

duché de Saxe-Cobourg-Gotha ; — au N., *Hambourg*, port maritime sur l'Elbe, une des villes les plus commerçantes de l'Europe, capitale de la république de même nom : 130,000 habit.; — *Brême*, sur le Weser, capitale de la république de même nom ; — *Lubeck*, capitale de la république de même nom, port de commerce, sur la Trave, près de la Baltique.

CHAPITRE XII.

Prusse.

SUPERFICIE. 280,000 kilomètres carrés.
POPULATION. 17,000,000 d'habitants.

169. Position. Le royaume de Prusse est situé au nord-est de l'Allemagne propre.

170. Bornes. Au N., la mer Baltique et les grands-duchés de Mecklembourg; — à l'E., la Russie et la Pologne; — au S., l'Autriche et la Saxe; — à l'O., le Hanovre, le duché de Brunswick et la Hesse électorale. — Dans ces bornes n'est pas compris le grand-duché du Bas-Rhin.

171. Division. Le royaume de Prusse, formé de deux parties distinctes, la partie orientale et la partie occidentale, comprend huit provinces, qui sont : le *Brandebourg*, la *Poméranie*, la *Prusse* propre, le grand-duché de *Posen*, la *Silésie*, la province de *Saxe*, la *Westphalie* et le grand-duché du *Bas-Rhin* ou la *Prusse rhénane*, situé

QUESTIONS. — 169. Quelle est la position de la Prusse ? sa population ? — 170. Quelles sont ses bornes ? —

au nord-est de la France et séparé du reste de la Prusse par le duché de Brunswick et le royaume de Hanovre. Ces pays, excepté la Prusse propre et le grand-duché de Posen, font partie de la Confédération germanique.

172. **Montagnes.** Les monts *Sudètes*, qui séparent en partie la Prusse de l'Autriche; — les montagnes des *Géants*, qui se rattachent vers l'est aux monts Sudètes.

173. **Fleuves.** Le *Niémen* ou *Memel*, le *Prégel*, la *Vistule* et l'*Oder*, qui se jettent dans la mer Baltique; — l'*Elbe*, le *Weser* et le *Rhin*, qui se jettent dans la mer du Nord.

174. **Productions.** Dans quelques parties le sol est fertile et riche en pâturages. Les productions principales sont les bois, le chanvre, le lin, le tabac, des vins estimés, le fer, le zinc et le plomb.

175. **Villes principales.** BERLIN, sur la Sprée, capitale, beaux établissements scientifiques : 440,000 habit. — *Francfort-sur-l'Oder*, commerce très-important. — *Brandebourg*, ville très-ancienne. — *Kœnigsberg*, sur le Prégel, près de son embouchure, chef-lieu de la Prusse propre. — *Dantzick*, sur l'un des bras de la Vistule, près de son embouchure, ville forte et le principal port maritime de la Prusse. — *Posen*, chef-lieu du grand-duché de Posen. — *Stettin*, ville forte, sur l'Oder, chef-lieu de la Poméranie. — *Stral-*

---

171. Comment se divise-t-elle? — 172. Dites les montagnes; — 173. les fleuves. — 174. Quelles sont les principales productions de cette contrée? — 175. Quelle est la capitale de la Prusse? Quelles sont les autres villes im-

3.

sund, port très-commerçant sur la mer Baltique. — *Breslau*, sur l'Oder, chef-lieu de la Silésie. — *Magdebourg*, sur l'Elbe, chef-lieu de la province de Saxe, une des plus fortes places de l'Europe. — *Munster*, chef-lieu de la Westphalie, grand commerce de jambons estimés. — *Minden*, sur le Weser. — *Coblentz*, chef-lieu de la province du Rhin, au confluent du Rhin et de la Moselle. — *Cologne*, ville forte, sur le Rhin. — *Trèves*, ville très-ancienne, sur la Moselle. — *Aix-la-Chapelle*, eaux thermales.

Autriche.

Superficie. 670,000 kilomètres carrés.
Population. 37,000,000 d'habitants.

176. **Position.** L'empire d'Autriche occupe une grande partie de l'Europe centrale, à l'est.

177. **Bornes.** Au N., la Prusse, la Saxe, la Pologne et la Russie; — à l'E., la Russie et la Turquie; — au S., la Turquie, la mer Adriatique et le Pô; — à l'O., le royaume de Sardaigne, la Suisse et la Bavière.

178. **Division.** L'empire d'Autriche est divisé en quinze parties principales : *l'archiduché d'Autriche*, le *Tyrol*, l'*Illyrie*, la *Styrie*, la *Bohême*, la *Moravie* avec la *Silésie*, compris en Allemagne et faisant partie de la Confédération germanique; la *Galicie*, la *Hongrie* avec la *Croatie* et l'*Escla-*

portantes? — 176. Quelle est la position de l'Autriche? sa population? — 177. Quelles sont ses bornes? — 178. Quels sont les pays que comprend l'Autriche? Quels sont

vonie, la *Transylvanie*, la *Dalmatie*, le gouvernement des *Confins militaires*, et le royaume *Lombard-Vénitien*, situé en Italie. L'État de Cracovie a été récemment annexé à l'empire d'Autriche.

179. **Iles.** Les îles *Illyriennes*, répandues dans la mer Adriatique, le long de la côte du royaume d'Illyrie, dont elles dépendent.

180. **Montagnes.** Les *Alpes*, dans le Tyrol et dans l'archiduché d'Autriche; les monts *Carpathes* ou *Krapacks*, dans la Galicie, la Hongrie et la Transylvanie.

181. **Fleuves.** Le *Danube* et le *Dniester*, qui se jettent dans la mer Noire; — la *Vistule* et l'*Oder*, qui se jettent dans la mer Baltique; — l'*Elbe*, qui se rend dans la mer du Nord; — le *Pô* et l'*Adige*, qui se jettent dans la mer Adriatique.

182. **Productions.** Le sol de l'Autriche est généralement d'une fertilité remarquable. Il produit du blé, du maïs, du riz, des vins, du houblon, du safran, du tabac, du chanvre et du lin. Les richesses minérales sont le fer, l'argent, le mercure, les pierres précieuses, le soufre et le sel.

183. **Villes principales.** *Vienne*, sur le Danube, capitale de l'empire, une des villes les plus remarquables de l'Europe : 410,000 habit. — *Inspruck*, capitale du Tyrol. — *Trente*, sur l'Adige. — *Laybach*, capitale de l'Illyrie. — *Trieste*, port franc,

ceux qui font partie de la Confédération germanique? — 179. Quelles sont ses îles? — 180. Quelles montagnes y trouve-t-on? — 181. Quels sont les principaux fleuves? — 182. Quelles sont les productions de l'Autriche? — 183. Quelle est la capitale de l'empire? Quelles sont les

sur la mer Adriatique; commerce très-étendu. — *Grœtz*, capitale de la Styrie. — *Prague*, capitale de la Bohême; beaux établissements et commerce très-actif. — *Brunn*, capitale des provinces de Moravie et Silésie; manufactures de laine. — *Lemberg*, capitale de la Galicie ou Pologne autrichienne. — *Cracovie*, sur la Vistule. — *Bude* ou *Ofen*, capitale de la Hongrie, sur le Danube. — *Klausenbourg*, capitale de la Transylvanie. — *Zara*, capitale de la Dalmatie, sur la mer Adriatique. — *Milan*, capitale du royaume Lombard-Vénitien, la ville la plus importante de toute l'Italie septentrionale : 200,000 habit. — *Venise*, près de la mer Adriatique, seconde capitale du royaume Lombard-Vénitien : 120,000 habit. — *Pavie*, importants établissements publics. — *Mantoue*, ville forte.

CHAPITRE XIII.

Portugal.

SUPERFICIE. 100,000 kilomètres carrés.
POPULATION. 4,000,000 d'habitants.

184. Position. Le royaume de Portugal occupe la partie la plus occidentale de l'Europe méridionale.

185. Bornes. Au N. et à l'E., l'Espagne; — au S. et à l'O., l'océan Atlantique.

principales villes de l'Autriche? Dites ce qu'elles offrent de remarquable.
QUESTIONS. — 184. Quelle est la position du Portugal?

186. Division. Le Portugal est divisé en huit parties ou provinces.

187. Iles. Les îles *Açores*, dans l'océan Atlantique, et dont les principales sont : *Terceire*, capitale *Angra*, et *Saint-Michel*, capitale *Punta-Delgada*.

188. Fleuves. Le *Minho*, le *Douro*, le *Tage* et la *Guadiana*, qui viennent de l'Espagne et se rendent dans l'Océan.

189. Productions. Le sol du Portugal produit des vins estimés, des oranges, des citrons. On y trouve du fer, du plomb, de l'argent, du cristal de roche, du granit.

190. Villes principales. *LISBONNE*, à l'O., port sur le Tage, près de son embouchure, capitale, grande et belle ville très-commerçante : 260,000 habit.; — au N., *Porto* ou *Oporto*, port sur le Douro, près de son embouchure; vins renommés; *Bragance;* — au S., *Tavira*, port très-commerçant.

191. Possessions hors de l'Europe. Le Portugal a, en Afrique, des établissements dans la Sénégambie, la Guinée et le Mozambique, l'île de Madère, les îles du Cap-Vert; en Asie, des possessions dans l'Hindoustan et Macao en Chine.

sa population? — 185. Quelles sont ses bornes? — 186. Comment se divise-t-il? — 187. Quelles îles s'y rattachent? — 188. Dites les principaux fleuves. — 189. Quelles sont les productions du Portugal? — 190. Quelle est la capitale du Portugal? Dites les autres villes importantes. — 191. Le Portugal a-t-il des possessions hors de

Espagne.

Superficie. 480,000 kilomètres carrés.
Population. 15,000,000 d'habitants.

192. Position. Le royaume d'Espagne, contrée de l'Europe méridionale, est au sud de la France.

193. Bornes. Au N., la France et l'océan Atlantique; — à l'E., la Méditerranée; — au S., la Méditerranée et l'océan Atlantique; — à l'O., l'océan Atlantique et le Portugal.

194. Division. L'Espagne, divisée autrefois en quinze parties, dont plusieurs avaient le titre de royaume, est divisée aujourd'hui en quatorze gouvernements militaires ou capitaineries générales, comprenant 48 provinces, subdivisées en districts: ces provinces portent généralement le nom de leurs chefs-lieux.

195. Iles. Les îles *Baléares* sont situées dans la Méditerranée, à l'E. du gouvernement de Valence. Les principales sont: *Majorque*, capitale *Palma*, et *Minorque*; ville principale, *Mahon* ou *Port-Mahon*.

196. Montagnes. Les *Pyrénées*, qui séparent la France de l'Espagne.

197. Fleuves. La *Bidassoa*, qui sépare sur un point la France de l'Espagne; le *Minho*, qui sé-

l'Europe? — 192. Quelle est la position de l'Espagne? sa population? — 193. Quelles sont ses bornes? — 194. Comment est-elle divisée? — 195. Quelles îles en font partie? — 196. Quelles sont les principales montagnes? — 197.

pare le Portugal de l'Espagne ; le *Douro*, le *Tage*, la *Guadiana* et le *Guadalquivir*, qui se jettent dans l'Océan ; — l'*Èbre* et le *Guadalaviar*, qui se rendent dans la Méditerranée.

198. **Productions.** Les productions principales de l'Espagne sont les grains, l'huile d'olives, le riz, le coton, le tabac, des fruits délicieux et des vins très-renommés. Elle possède des mines importantes de mercure, de cuivre, de plomb, de fer, d'étain et de sel.

199. **Villes principales.** *Madrid*, au centre, capitale de l'Espagne et chef-lieu de la Nouvelle-Castille : 253,000 habit. — Au centre, *Tolède*, sur le Tage. — Au N., *Santiago* ou *Saint-Jacques-de-Compostelle*, chef-lieu de la Galice ; *la Corogne*, port sur l'Océan ; *Léon*, chef-lieu de la province du même nom ; *Bilbao*, à peu de distance de l'Océan, chef-lieu de la Biscaye ; *Saint-Sébastien*, port sur l'Océan, ville forte et chef-lieu du Guipuscoa ; *Pampelune*, place forte, chef-lieu de la Navarre ; *Saragosse*, sur l'Èbre, chef-lieu de l'Aragon ; *Barcelone*, port sur la Méditerranée, chef-lieu de la Catalogne, très-commerçante et très-industrieuse. — A l'E., *Valence*, sur le Guadalaviar, grande et belle ville, chef-lieu du gouvernement de Valence et Murcie ; *Carthagène*, port militaire sur la Méditerranée. — Au S., *Grenade*, au milieu d'une plaine d'une admirable fertilité, chef-lieu de la province de ce nom ; *Malaga*, port sur la Méditerranée ; vins renommés ; *Cadix*, port mili-

les principaux fleuves ? — 198. Dites les productions de l'Espagne. — 199. Quelle est la capitale de l'Espagne ?

taire et de commerce sur l'Océan; *Séville*, sur le Guadalquivir, chef-lieu de l'Andalousie, — *Gibraltar*, au S., sur le détroit de ce nom qu'elle domine, forteresse qui appartient aux Anglais.

200. Possessions hors de l'Europe. — L'Espagne possède, en Afrique, Ceuta et les îles Canaries; en Amérique, les îles Cuba et Porto-Rico; dans l'Océanie, les Philippines et les Mariannes.

CHAPITRE XIV.

Italie.

SUPERFICIE. 300,000 kilomètres carrés.
POPULATION. 25,000,000 d'habitants.

201. Position. L'Italie est une contrée de l'Europe méridionale, composée d'une grande presqu'île et de plusieurs îles, et renfermant divers États tous indépendants les uns des autres.

202. Bornes. Au N., la Suisse et l'Autriche; — à l'E., l'Autriche et la mer Adriatique; — au S., la Méditerranée; — à l'O., la Méditerranée et la France.

203. Division. L'Italie comprend neuf États: le royaume de *Sardaigne*, la principauté de *Monaco*, le royaume *Lombard-Vénitien*, le duché de

Dites les autres villes importantes. — 200. L'Espagne a-t-elle des possessions hors de l'Europe?
QUESTIONS. — 201. Quelle est la position de l'Italie? sa population? — 202. Quelles sont ses bornes? — 203.

5.

Parme, le duché de *Modène*, le grand-duché de *Toscane*, les États de l'*Église*, la république de *Saint-Marin* et le royaume des *Deux-Siciles*.

204. **Iles.** Dans la mer Méditerranée : la *Sardaigne* et la *Sicile*, comptées parmi les plus grandes îles de l'Europe ; — l'île d'*Elbe*, dépendante de la Toscane ; — l'île de *Malte*, appartenant à l'Angleterre.

205. **Montagnes.** Les *Alpes*, qui séparent la France de l'Italie, et dont les sommets principaux sont : le mont *Blanc*, le mont *Cenis* ; — les *Apennins*, qui traversent l'Italie à l'est et au sud-est.

206. **Volcans.** Le mont *Vésuve*, près de Naples ; — le mont *Etna* ou *Gibel*, en Sicile.

207. **Fleuves.** L'*Adige*, qui arrose le royaume Lombard-Vénitien, et le *Pô*, qui traverse le royaume de Sardaigne, se jettent dans la mer Adriatique ; — l'*Arno*, qui arrose le grand-duché de Toscane ; le *Tibre*, qui parcourt les États de l'Église ; le *Volturno*, qui baigne le royaume de Naples, se jettent dans la mer Tyrrhénienne, partie de la Méditerranée.

208. **Lacs.** Les lacs de *Garde* et de *Côme*, dans le royaume Lombard-Vénitien ; — le lac *Majeur*, entre ce royaume et celui de Sardaigne ; — le lac de *Lugano*, entre la Suisse et le royaume Lombard-Vénitien.

Combien d'États l'Italie comprend-elle ? — 204. Quelles sont les îles principales ? — 205. Par quelles chaînes de montagnes l'Italie est-elle traversée ? — 206. Quels sont les volcans ? — 207. les principaux fleuves ? — 208. les

209. Productions. Le sol de l'Italie est remarquable par la richesse et la variété de sa végétation : il produit toutes sortes de grains, des vins renommés, du riz, de l'huile d'olives, du maïs, du coton, du safran, du tabac et des fruits excellents. On y exploite des carrières de très-beaux marbres.

Royaume de Sardaigne.

210. Position. Le royaume de Sardaigne, dont la population est de 5,000,000 d'habitants, est situé dans la partie nord-ouest de l'Italie.

211. Division. Les États sardes comprennent le *Piémont*, la *Savoie*, le duché de *Gênes*, le comté de *Nice*, le duché de *Montferrat* et l'île de *Sardaigne*, qui est située dans la Méditerranée, au sud de la Corse.

212. Villes principales. *Turin*, sur le Pô, ancienne capitale du Piémont, capitale du royaume de Sardaigne, 140,000 habit. — Au N., *Chambéry*, ancienne capitale du duché de Savoie; *Aix*, eaux minérales; *Chamouny*, dans la haute vallée de ce nom, au pied du mont Blanc. — Au S., *Gênes*, au fond du golfe du même nom, sur la Méditerranée, ville industrieuse et commerçante; *Port-Maurice*, port sur la côte dite rivière de

lacs? — 209. Quelles sont les productions principales de l'Italie? — 210. Où est situé le royaume de Sardaigne? Quelle est sa population? — 211. Quels pays comprend-il? — 212. Quelle en est la capitale? Nommez les autres

Gênes; commerce considérable d'huile d'olives; *Nice*, port commerçant, sur la Méditerranée; *Cagliari*, dans l'île de Sardaigne.

Principauté de Monaco.

213. **Description générale.** La principauté de Monaco, enclavée dans le royaume de Sardaigne et placée sous la protection du roi de cette contrée, renferme 7,000 habit., et a pour capitale MONACO, petite ville près de la Méditerranée.

Royaume Lombard-Vénitien.

214. **Description générale.** Le royaume Lombard-Vénitien, qui dépend de l'Autriche, est situé dans la partie septentrionale de l'Italie et divisé en deux gouvernements, celui de *Milan* et celui de *Venise*. Les villes principales sont : MILAN, capitale, grande et belle ville : 200,000 habit.; *Venise*, port important sur la mer Adriatique : 120,000 habit. Les autres villes les plus importantes sont : *Pavie*, sur le Tésin; *Crémone*, sur le Pô; *Padoue*, *Vicence* et *Vérone*.

Duché de Parme.

215. **Description générale.** Le duché de Parme est situé dans la partie nord de l'Italie et au sud-

villes importantes. — 213. Donnez quelques détails sur la principauté de Monaco. — 214. Où est situé le royaume Lombard-Vénitien? Comment se divise-t-il? — 215. Où est situé le duché de Parme? Quelle est sa population?

ITALIE. 85

ouest du royaume Lombard-Vénitien. Sa population est de 500,000 habit. Les villes principales sont : *Parme*, capitale, grande et belle ville : 40,000 habit. ; *Plaisance*, sur le Pô.

Duché de Modène.

216. Description générale. Le duché de Modène est situé dans la partie nord de l'Italie et au sud du royaume Lombard-Vénitien. Il a 600,000 habit. Les villes principales sont : *Modène*, capitale : 30,000 habit. ; *Carrare*, exploitation de beaux marbres.

Grand-duché de Toscane.

217. Description générale. Le grand-duché de Toscane, dont la population est de 1,800,000 habit., est situé dans la partie centrale de l'Italie, le long de la Méditerranée, à l'ouest. Outre la partie continentale, divisée en 7 provinces, il comprend l'île d'*Elbe*, située dans la Méditerranée. Les villes principales sont : *Florence*, sur l'Arno, capitale, l'une des plus belles villes de l'Italie : 110,000 habit. — *Pise*, grande ville sur l'Arno. — *Livourne*, port sur la Méditerranée, centre du commerce de cette contrée avec le Levant : 78,000 habit. — *Lucques*, naguère capitale d'un duché.

Quelles sont les villes principales? — 216. Où est situé le duché de Modène? Quelle est sa population? Quelles sont les villes principales? — 217. Où est situé le grand-duché de Toscane? Quelle est sa population? Quelles sont les

États de l'Église.

218. Description générale. Les États de l'Église ou du pape, dont la population est de 3,000,000 d'habit., sont situés dans la partie centrale de l'Italie, entre la mer Adriatique et la mer Méditerranée, à l'est et au sud de la Toscane.

219. Villes principales. *Rome*, sur le Tibre, capitale, résidence du pape, chef de l'Église catholique, ville remarquable par ses monuments : 176,000 habit. — *Bologne*, au N., ville industrieuse et commerçante. — *Ancône*, à l'E., port sur la mer Adriatique. — *Civita-Vecchia*, à l'O., port commerçant, sur la Méditerranée.

République de Saint-Marin.

220. Description générale. La république de Saint-Marin, enclavée dans les États de l'Église au N. E., a une population de 7,900 habit. Sa capitale est *Saint-Marin*.

Royaume des Deux-Siciles.

221. Position. Le royaume des Deux-Siciles, situé au sud des États du pape, occupe toute la partie méridionale de l'Italie et est entouré à l'E., au S. et à l'O. par la mer. Il a une population de 8,500,000 habit.

villes principales? — 218. Où sont situés les États de l'Église? Dites leur population. — 219. Quelle en est la capitale? Quelles sont les autres villes principales? — 220. Qu'est-ce que la république de Saint-Marin? — 221. Où est situé le royaume des Deux-Siciles? Dites sa population.

222. Division. Ce royaume comprend deux parties, savoir : les *domaines en deçà du Phare* ou *partie continentale*, ou *royaume de Naples*; les *domaines au delà du Phare* ou la *Sicile*, grande île située dans la Méditerranée et séparée du continent par le phare ou détroit de Messine.

223. Villes principales. *Naples*, sur le golfe de son nom, capitale, une des plus belles villes de l'Europe : 450,000 habit. — *Salerne*, sur le golfe du même nom. — *Aquila*, commerce important. — *Tarente*, port sur le golfe de ce nom. — *Palerme*, sur la côte septentrionale de la Sicile, grande et belle ville : 176,000 habit. — *Messine*, sur le détroit qui porte son nom. — *Syracuse*, port sur la côte orientale de la Sicile.

CHAPITRE XV.

Turquie d'Europe.

SUPERFICIE. 500,000 kilomètres carrés.
POPULATION. 11,000,000 d'habitants.

224. Position. La Turquie d'Europe, contrée de l'Europe méridionale, est située à l'est. Elle ne forme qu'une partie du vaste empire Ottoman, qui s'étend aussi en Asie et en Afrique.

225. Bornes. Au N., les empires de Russie et

— 222. Quelles parties comprend-il ? — 223. Quelle en est la capitale ? Nommez les villes principales.

QUESTIONS. — 224. Quelle est la population de la Turquie d'Europe ? sa population ? — 225. Quelles sont ses

d'Autriche; — à l'E., la mer Noire et la mer de Marmara; — au S., l'Archipel et le royaume de Grèce; — à l'O., la mer Ionienne, la mer Adriatique et l'empire d'Autriche.

226. **Division.** La Turquie d'Europe comprend : la *Romélie*, la *Bulgarie*, la *Bosnie*, l'*Albanie*, la *Thessalie* et la *Macédoine*, auxquelles il faut ajouter la *Moldavie*, la *Valachie* et la *Servie*, principautés tributaires qui ont un gouvernement particulier.

227. **Iles.** *Candie*, l'ancienne Crète, dans la Méditerranée, grande île au S. de la Grèce. — *Tasso*, *Samotraki*, *Imbro*, îles moins importantes, dans l'Archipel.

228. **Montagnes.** Les monts *Krapacks*, qui séparent la Valachie de la Transylvanie; — les monts *Balkans*, qui parcourent de l'ouest à l'est le centre de la Turquie d'Europe.

229. **Fleuves.** La *Maritza* et la *Salembria*, qui se rendent dans l'Archipel; — le *Danube*, qui entre dans la mer Noire par plusieurs embouchures.

230. **Productions.** Le sol de la Turquie produit du riz, du maïs, du vin, des olives, du coton, du tabac et toutes sortes de fruits délicieux.

231. **Villes principales.** Constantinople, à l'E., dans la Romélie, capitale de l'empire Ottoman, admirablement située entre la mer Noire et celle de Marmara, sur le canal de Constantinople :

bornes? — 226. Comment se divise-t-elle? — 227. Nommez les îles; — 228. les principales montagnes; — 229. les principaux fleuves. — 230. Quelles sont ses pro-

600,000 habit. — Au N., *Bosna-Seraï*, capitale de la Bosnie, centre d'un commerce considérable fait par des caravanes ; *Sophie*, capitale de la Bulgarie, ville commerçante. — A l'E., *Andrinople*, près de la Maritza ; commerce important. — Au S., *Salonique*, port sur le golfe du même nom, capitale de la Macédoine ; *Tricala*, capitale de la Thessalie ; *Larisse*, au centre de la Thessalie ; *Ianina*, sur le lac de ce nom, capitale de l'Albanie.

Iassy, capitale de la Moldavie. — *Boukharest*, capitale de la Valachie ; commerce très-actif. — *Semendria*, sur le Danube, capitale de la Servie ; *Belgrade*, sur le Danube, entrepôt du commerce entre la Turquie et l'Autriche.

232. Possessions hors de l'Europe. La Turquie a d'importantes possessions en Asie : l'Asie Mineure ou Anatolie, la Mésopotamie ou Al-Djézireh, la Syrie, etc. ; la population de ces possessions s'élève à 11,500,000 habitants. En Afrique, elle étend sa suzeraineté sur l'Égypte et sur les États de Tripoli et de Tunis, qui sont ses tributaires.

Grèce.

SUPERFICIE. 48,000 kilomètres carrés.
POPULATION. 1,000,000 d'habitants.

233. Position. Le royaume de Grèce, contrée de l'Europe méridionale, est situé au sud de la Turquie d'Europe.

ductions ? — 231. Quelles sont les principales villes ? — 232. La Turquie n'a-t-elle pas des possessions hors de l'Europe ? — 233. Quelle est la position de la Grèce ? sa

90 EUROPE.

234. Bornes. Au N., la Turquie d'Europe et l'Archipel; — à l'E., l'Archipel; — au S., la mer Ionienne, l'Archipel et la Méditerranée; — à l'O., la mer Ionienne.

235. Division. Le royaume de Grèce comprend la *Grèce propre* ou *Hellade* au nord, la *Morée* ou le *Péloponnèse* au sud, et les *îles de l'Archipel*, dont les plus importantes sont *Eubée* ou *Négrepont* et les *Cyclades*.

236. Montagnes. Dans la Grèce propre, le *Parnasse*, l'*Hélicon*, le *Cythéron*, l'*OEta*. — Dans la Morée, le *Taygète* et le *Lycée*.

237. Fleuves. L'*Aspro-Potamo*, qui se jette dans le golfe de Patras; — le *Mavro-Potamo*, qui se perd dans un gouffre qui communique avec l'Archipel; — l'*Asapo*, qui se jette dans le canal de Négrepont.

238. Productions. Les productions principales de la Grèce sont les céréales, le riz, le coton, l'huile d'olives, des fruits et des vins renommés.

239. Villes principales. Grèce propre : ATHÈNES, à l'E., près du golfe de ce nom, capitale du royaume, une des villes les plus célèbres des temps anciens : 35,000 habit. — *Thiva* ou *Thèbes*, sur l'emplacement de l'ancienne Thèbes. — *Lépante*, port sur le golfe du même nom.

population? — 234. Quelles sont ses bornes? — 235. Comment se divise-t-elle? — 236. Nommez les montagnes; — 237. les fleuves. — 238. Dites les productions. — 239. Quelle est la capitale du royaume? Quelles sont les villes principales de la Grèce propre? de la Morée? de l'Archipel?

Morée. *Nauplie* ou *Napoli de Romanie*, à l'E., au fond du golfe de même nom. — *Corinthe*, à l'entrée de l'isthme de ce nom. — *Navarin*, à l'O., port sur la mer Ionienne.

Iles de l'Archipel : *Négrepont*, chef-lieu de l'île de ce nom, ville forte. — *Syra*, chef-lieu de l'île de ce nom, entrepôt général de la Grèce. — *Naxie*, chef-lieu de l'île de ce nom, la plus grande des Cyclades.

Iles Ioniennes.

240. **Description générale.** Les îles Ioniennes, situées pour la plupart dans la mer Ionienne, à l'ouest de la Grèce, sont au nombre de sept, et forment une république sous la protection de l'Angleterre. La population de ces sept îles est d'environ 200,000 habitants. Le sol est fertile en vins et en oliviers. Les principales îles sont : *Corfou*, la plus importante, avec une capitale du même nom : 18,000 habit.; *Théaki*, l'ancienne Ithaque; *Céphalonie; Zante*, 20,000 habitants.

— 240. Où sont situées les îles Ioniennes? Combien y en a-t-il? Quelle est leur population? Nommez les îles principales.

CHAPITRE XVI.

Asie.

Superficie. 42,000,000 de kilomètres carrés.
Population. 420,000,000 d'habitants.

241. Position. L'Asie, la plus étendue et la plus peuplée des cinq parties du monde, appartient à l'ancien continent, dont elle occupe toute la partie orientale.

242. Bornes. Au N., l'océan Glacial Arctique; — à l'E., les subdivisions du Grand Océan, telles que la mer de Béring, la mer de la Chine, etc.; — au S., la mer de la Chine et l'océan Indien; — à l'O., la Russie d'Europe, la mer Caspienne, la mer Noire, celle de Marmara, l'Archipel, la Méditerranée, l'Afrique et la mer Rouge.

243. Division. L'Asie se divise en douze parties principales, dont une au nord, deux à l'ouest, cinq au centre, deux à l'est, deux au sud. — Au N., la *Russie d'Asie*. — A l'O., la *Turquie d'Asie*, l'*Arabie*. — Au centre, le *Turkestan*, le royaume de *Perse*, l'*Afghanistan*, le royaume de *Hérat*, le *Béloutchistan*. — A l'E., l'empire de *Chine*, l'empire du *Japon*. — Au S., l'*Hindoustan*, l'*Indo-Chine*.

244. Mers. L'Asie est baignée par quatre grandes mers et par plusieurs autres moins considérables

Questions. — 241. Où est située l'Asie? Quelle est sa population? — 242. Quelles sont ses bornes? — 243. En combien de parties se divise l'Asie? — 244. Quelles sont

GÉNÉRALITÉS. 93

qu'elles forment. — L'*océan Glacial Arctique* baigne l'Asie au nord. — Le *Grand Océan* forme la mer de *Béring*, entre la Russie d'Asie et l'Amérique russe; la mer d'*Okhotsk*, entre la Russie d'Asie et la Chine; la mer du *Japon*, entre la Chine et le Japon; la mer de la *Chine*, entre la Chine, l'Inde au delà du Gange et la Malaisie. — La mer des *Indes* ou l'*océan Indien* baigne le sud de l'Asie et forme la mer *Rouge* ou golfe *Arabique*, entre l'Arabie et l'Afrique. — La mer *Méditerranée* forme l'*Archipel*, la mer de *Marmara* et la mer *Noire*, déjà nommées en Europe, ainsi que la mer *Caspienne*.

245. **Golfes.** Les principaux golfes de l'Asie sont : les golfes de l'*Obi* et de *Kara*, formés par la mer Glaciale; — les golfes de *Tonkin* et de *Siam*, formés par la mer de la Chine; — le golfe du *Bengale*, formé par la mer des Indes, entre les deux Indes; — le golfe d'*Oman*, formé par la même mer, entre l'Arabie, le Béloutchistan et l'Hindoustan; — le golfe *Persique*, entre la Perse et l'Arabie.

246. **Détroits.** Les détroits les plus remarquables de l'Asie sont : le détroit de *Béring*, entre l'océan Glacial Arctique et la mer de Béring; — le détroit de *Malacca*, sur les côtes de la presqu'île de Malacca; — le détroit d'*Ormouz*, entre le golfe Persique et le golfe d'Oman; — le détroit de *Bab-el-Mandeb*, entre le golfe d'Oman et la mer Rouge.

les mers qui baignent l'Asie? — 245. Dites les principaux golfes; — 246. les principaux détroits; — 247. les prin-

94 ASIE.

247. Iles. Les îles principales de l'Asie sont : dans l'océan Glacial Arctique, l'archipel de la *Nouvelle-Sibérie* ou de *Liakhov*; l'archipel des *Ours*. — Dans le Grand Océan et les mers qu'il forme, l'archipel des *Kouriles*, les îles du *Japon*, l'archipel de *Lieou-Kieou*. — Dans l'océan Indien, les *Laquedives*, les *Maldives*, l'île de *Ceylan*. — Dans la mer Méditerranée, les îles de *Chypre*, de *Rhodes* et de *Samos*.

248. Presqu'îles. Parmi les presqu'îles de l'Asie, les principales sont : celles du *Kamtchatka*, dans la Russie d'Asie; — la presqu'île orientale des *Indes* ou l'*Indo-Chine*; — la presqu'île occidentale des *Indes* ou la partie méridionale de l'*Hindoustan*; — la presqu'île de *Malacca*, au sud de l'Indo-Chine; — l'*Anatolie*, dans la Turquie d'Asie; — l'*Arabie*, la plus grande de toutes les presqu'îles de l'Asie.

249. Caps. Les caps les plus remarquables de l'Asie sont : le cap *Sacré*, au nord de la Sibérie; — le cap *Oriental*, sur le détroit de Béring; — la pointe de *Camboge*, sur le golfe de Siam; — le cap *Comorin*, au sud de l'Inde en deçà du Gange; — le cap *Raz-el-Gat*, en Arabie, sur la mer d'Oman; — le cap *Bab-el-Mandeb*, dans la même contrée.

250. Montagnes. Les principales montagnes de l'Asie sont : les monts *Ourals*, entre l'Europe et l'Asie; — les monts *Altaï* et *Stanovoï*, dans la Sibérie; — le *Caucase*, sur la frontière de la

cipales îles; — 248. les principales presqu'îles; — 249. les principaux caps. — 250. Quelles sont les principales

GÉNÉRALITÉS. 95

Russie d'Europe; — le *Taurus* et le *Liban*, dans la Turquie d'Asie; — le mont *Ararat*, dans la Caucasie; — le mont *Sinaï*, en Arabie; — les monts *Himalaya*, au nord de l'Inde en deçà du Gange.

251. Fleuves. L'Asie est arrosée par un grand nombre de fleuves importants qui se distribuent de la manière suivante. — L'océan Glacial Arctique reçoit l'*Obi*, l'*Iéniséi* et la *Léna*. — Le Grand Océan, l'océan Indien et les mers qui en dépendent reçoivent l'*Amour* ou *Sakhalian*, le *Hoang-Ho* ou fleuve *Jaune*, le *Kiang* ou fleuve *Bleu*, l'*Iraouaddy*, le *Gange* et le *Sind* ou *Indus*. — Le golfe Persique reçoit le *Chat-el-Arab*, formé de l'*Euphrate* et du *Tigre*. — La mer Caspienne reçoit l'*Oural* et le *Kour*.

252. Lacs. Les lacs les plus remarquables de l'Asie sont : le lac *Baïkal*, dans la Russie d'Asie; — le lac *Aral*, nommé aussi mer d'*Aral*, dans la Tartarie indépendante ; — le lac *Asphaltite* et le lac de *Van*, dans la Turquie d'Asie.

253. Description générale. L'Asie présente une grande variété dans ses climats et dans ses productions. La région septentrionale n'offre dans presque toute son étendue qu'une affreuse aridité et des glaces amoncelées le long des côtes et à l'embouchure des fleuves. La région centrale est sujette à des froids excessifs ; là se trouvent de vastes chaînes de montagnes, toujours couvertes

montagnes de l'Asie? Où sont-elles situées ? — 251. Quels sont les principaux fleuves? Dans quelles mers se jettent-ils? — 252. Nommez les principaux lacs de l'Asie. — 253. Quels sont l'aspect du sol et le climat de l'Asie?

de neiges. La région méridionale renferme les contrées les plus riches et les plus fertiles. Les productions du sol, aussi précieuses que variées et abondantes, et les produits de l'industrie font de l'Asie le centre d'un grand commerce. On exporte des diverses contrées de l'Asie des quantités considérables de thé, de café, de riz, de coton et d'autres denrées non moins utiles.

254. **Possessions européennes en Asie.** Certains États de l'Europe possèdent des contrées importantes en Asie : à la Russie appartiennent la *Sibérie* et la *Caucasie*; à la Turquie, l'*Asie Mineure*, la *Mésopotamie*, la *Syrie*, etc.; l'Angleterre domine dans l'*Hindoustan*, où la France et le Portugal ont aussi des territoires plus ou moins importants.

255. **Notions des anciens.** Les anciens ne connaissaient pas les bornes de l'Asie au nord et à l'est; mais ils avaient des notions assez étendues sur les contrées que baignent la mer Noire et la mer Méditerranée et celles qui occupent l'intérieur du pays entre ces mers et le golfe Persique, entre autres l'*Asie Mineure*, la *Syrie*, la *Phénicie*, l'*Assyrie*, etc. (Turquie d'Asie), la *Perse*, la *Bactriane* (Afghanistan), etc. C'est en Asie que les saintes Écritures placent le paradis terrestre; c'est aussi dans cette partie du monde que s'accomplit la divine mission de N.S. Jésus-Christ, et c'est de là que la civilisation s'est répandue dans le monde entier.

Quelles sont ses productions? Quels sont les principaux objets de l'industrie et du commerce? — 254. Quelles sont les possessions européennes dans cette partie du monde? — 255. Les anciens connaissaient-ils bien l'Asie?

CHAPITRE XVII.

Russie d'Asie.

SUPERFICIE. 13,355,925 kilomètres carrés.
POPULATION. 3,000,000 d'habitants.

256. Position. La Russie d'Asie, dépendante de la Russie d'Europe, est une vaste contrée qui occupe toute la partie septentrionale de l'Asie.

257. Bornes. Au N., l'océan Glacial Arctique et la Russie d'Europe; — à l'E., les parties du Grand Océan qui prennent le nom de mer de Béring et de mer d'Okhotsk; — au S., l'empire Chinois, le Turkestan, la mer Caspienne, la Perse, la mer Noire et la Turquie d'Asie; — à l'O., la mer Noire et la Russie d'Europe.

258. Division. La Russie d'Asie comprend deux parties principales : au nord et à l'est, la *Sibérie*; à l'ouest, la *Caucasie*, ou région du Caucase.

259. Montagnes. Les monts *Ourals*, qui séparent la Sibérie de l'Europe; — les monts *Stanovoï*, qui parcourent la Sibérie; — le *Caucase*, dans la Caucasie.

260. Fleuves. Dans la Sibérie, l'*Obi*, l'*Iéniséi* et la *Léna*, qui se jettent dans l'océan Glacial

QUESTIONS. — 256. Quelle est la position de la Russie d'Asie? sa population? — 257. Dites ses bornes. — 258. Comment se divise la Russie d'Asie? — 259. Quelles sont ses montagnes? — 260. Quels sont ses fleuves? —

Arctique. — Dans la Caucasie, le *Kour*, qui se jette dans la mer Caspienne.

261. **Productions.** La Sibérie est riche en mines d'or, d'argent, de platine, de fer, et en pierres précieuses : ses fourrures sont très-recherchées. Les productions principales de la région du Caucase sont les grains, les fruits, les vins et le coton.

262. **Villes principales : Sibérie.** *Tobolsk*, à l'O., entrepôt du commerce entre l'Europe et l'Asie : 27,000 habit. — *Irkoutsk*, au S., entrepôt du commerce de la Russie avec la Chine. — *Iakoutsk*, à l'E., grand commerce de fourrures ; *Okhotsk*, port sur la mer de ce nom.

Caucasie. *Tiflis*, au N., sur le Kour, centre du commerce entre l'Europe et l'Asie : 60,000 habit. — *Bakou*, port commerçant sur la mer Caspienne.

Turquie d'Asie.

SUPERFICIE. 1,180,000 kilomètres carrés.
POPULATION. 13,000,000 d'habitants.

263. **Position.** La Turquie d'Asie, dépendante de la Turquie d'Europe, est une grande contrée située dans l'Asie occidentale.

264. **Bornes.** Au N., la mer Noire ; — à l'E., la Russie et la Perse ; — au S., l'Arabie et la mer

---

261. Quelles sont ses productions? — 262. Nommez les villes principales de la Sibérie ; celles de la Caucasie. — 263. Quelle est la position de la Turquie d'Asie? sa population? — 264. Dites ses bornes. — 265. Quelles con-

TURQUIE.   99

Méditerranée ; — à l'O., la mer de Marmara et l'Archipel.

265. Division. La Turquie d'Asie se divise en cinq parties principales : l'*Asie Mineure* ou *Anatolie*, avec la *Caramanie*; l'*Arménie turque*; le *Kourdistan turc*; la *Mésopotamie* ou *Al-Djézireh*, avec l'*Irac-Arabi*; la *Syrie*.

266. Iles. Dans la mer Méditerranée, l'île de *Chypre*, la plus considérable de toutes, capitale *Nicosie*; — l'île de *Rhodes*, avec une capitale de même nom. — Dans l'Archipel, *Chio* et *Métélin*.

267. Montagnes. Le *Taurus*, dans l'Anatolie; — le *Liban*, dans la Syrie; — les monts *Thabor* et *Carmel*, aussi en Syrie.

268. Fleuves. Le *Meïnder*, qui arrose l'Anatolie, se jette dans l'Archipel; — le *Chat-el-Arab*, formé par l'*Euphrate* et le *Tigre* qui parcourent une grande partie de la Turquie d'Asie, se jette dans le golfe Persique; — le *Charia* ou *Jourdain* se rend dans le lac Asphaltite, après avoir arrosé une partie de la Syrie.

269. Lacs. Le lac de *Van*, dans l'Arménie; — le lac *Asphaltite* ou *mer Morte*, dans la Syrie; — le lac de *Tabariéh* ou de *Tibériade*, appelé aussi *mer de Galilée*, dans la Syrie.

270. Productions. Le blé, le riz, le coton, la gomme, toutes sortes de fruits, les vins, sont les

trées comprend la Turquie d'Asie? — 266. Dites les îles; — 267. les montagnes principales; — 268. les fleuves principaux; — 269. les lacs. — 270. Quelles sont ses pro-

productions principales de la Turquie d'Asie, qui possède aussi des mines de fer, de cuivre, d'or et d'argent. Le commerce maritime se fait surtout dans quelques villes situées le long des côtes, et qu'on appelle *Échelles du Levant*.

271. **Villes principales.** *Kutahiéh*, à l'O., capitale de l'Anatolie : 60,000 habit. — *Smyrne*, à l'O., port sur un golfe de l'Archipel, centre de tout le commerce du Levant. — *Scutari*, à l'O., grande et belle ville en face de Constantinople. — *Trébizonde*, au N. E., port sur la mer Noire. — *Erzeroum*, près de l'Euphrate, entrepôt des caravanes de la Perse et des Indes. — *Mossoul*, sur le Tigre; fabriques d'étoffes dites mousselines. — *Bagdad*, sur le Tigre, industrieuse et commerçante. — *Bassora*, sur le Chat-el-Arab. — *Alep*. — *Tripoli*, port sur la Méditerranée. — *Damas*, fabriques de tissus de soie et de sabres. — *Acre* ou *Saint-Jean d'Acre*, port sur la Méditerranée. — *Jérusalem*, capitale de la Palestine, la plus célèbre ville du monde, le berceau du christianisme. — *Bethléem*, lieu de naissance de N. S. Jésus-Christ.

Arabie.

SUPERFICIE. 2,370,000 kilomètres carrés.
POPULATION. 8,000,000 d'habitants.

272. **Position.** L'Arabie forme une grande presqu'île située le long de la mer Rouge et unie à l'Afrique par l'isthme de Suez.

ductions? — 271. Nommez les villes principales. — 272. Quelle est la position de l'Arabie? sa population? —

273. Bornes. Au N., la Turquie d'Asie et l'Égypte; — à l'E., le golfe Persique et le golfe d'Oman; — au S., le golfe d'Oman; — à l'O., le golfe Arabique ou mer Rouge.

274. Productions. Le café, le riz, la canne à sucre, le coton, la gomme, l'encens, les bois odoriférants, sont les productions principales de l'Arabie. On y élève des chevaux renommés.

275. Villes principales. *LA MECQUE*, à l'O.: 60,000 habitants. — *Médine*, à l'O. — *Moka*, port commerçant sur la mer Rouge; café très-recherché. — *Mascate*, port sur le golfe d'Oman. — *Aden*, sur le même golfe, près de l'entrée de la mer Rouge, aux Anglais.

CHAPITRE XVIII.

Turkestan.

SUPERFICIE. 2,000,000 de kilomètres carrés.
POPULATION. 4,000,000 d'habitants.

276. Position. Le Turkestan ou Tartarie indépendante est au sud-ouest de la Sibérie.

277. Bornes. Au N., la Sibérie et la Russie d'Europe; — à l'E., l'empire Chinois; — au S., la Perse; — à l'O., la mer Caspienne.

273. Quelles sont ses bornes? — 274. Quelles sont ses productions principales? — 275. Quelles sont les villes principales de l'Arabie?
QUESTIONS. — 276. Où est situé le Turkestan? Dites sa population. — 277. Quelles sont ses bornes? — 278. Quelles

278. Productions. Au nord se trouvent de grandes plaines sablonneuses et quelques bons pâturages. Les provinces du sud produisent en abondance du blé, du riz, toutes sortes d'excellents fruits, du vin, du coton.

279. Villes principales. *Boukhara*, au S. : 90,000 habit. — *Samarkande*. — *Khokand*. — *Khiva*.

Perse.

Superficie. 1.180,000 kilomètres carrés.
Population. 12,000,000 d'habitants.

280. Position. Le royaume de Perse ou d'Iran est au sud-ouest du Turkestan.

281. Bornes. Au N., l'empire Russe, la mer Caspienne et le Turkestan ; — à l'E., le Hérat, l'Afghanistan, le Béloutchistan ; — au S., le golfe d'Oman et le golfe Persique ; — à l'O., la Turquie d'Asie.

282. Productions. Les meilleurs fruits de l'Europe sont originaires de la Perse, qui produit aussi du riz, du coton, du tabac, des vins et une grande quantité de soie.

283. Villes principales. *Téhéran*, au N., capitale : 140,000 habit. — *Ispahan*, au centre, ancienne capitale : 200,000 habit. — *Balfrouch*,

sont ses productions ? — 279. Quelles sont les villes principales ? — 280. Où est située la Perse ? Quelle est sa population ? — 281. Quelles sont ses bornes ? — 282. Dites les productions principales de cette contrée. — 283. Quelle en est la capitale ? Nommez les autres villes

au N., près de la mer Caspienne; commerce important. — *Tauris*, au N., fabriques de soie et de coton. — *Abouchehr*, au S., port sur le golfe Persique.

Afghanistan.

SUPERFICIE. 370,000 kilomètres carrés.
POPULATION. 4,000,000 d'habitants.

284. **Position.** L'Afghanistan, ou royaume de Kaboul, est situé à l'est de la Perse.

285. **Bornes.** Au N., le Turkestan, le Hérat et l'empire Chinois; — à l'E., l'Hindoustan; — au S., le Béloutchistan; — à l'O., la Perse.

286. **Productions.** Les principales productions de cette contrée sont la canne à sucre, le riz, le coton et le tabac.

287. **Villes principales.** *KABOUL*, au N. E., sur la rivière du même nom, capitale : 80,000 habit. — *Kandahar*, au centre.

Hérat.

SUPERFICIE. 160,000 kilomètres carrés.
POPULATION. 2,000,000 d'habitants.

288. **Position.** Le royaume de Hérat est au nord et à l'ouest de l'Afghanistan.

importantes. — 284. Où est situé l'Afghanistan? Quelle est sa population? — 285. Dites ses bornes. — 286. Quelles sont ses productions? — 287. Quelles sont les villes principales? — 288. Où est situé le Hérat? Quelle est sa po-

289. Bornes. Au N., le Turkestan; — à l'E. et au S., l'Afghanistan; — à l'O., la Perse.

290. Productions. Cette contrée produit surtout des grains, du safran, du lin et de la soie.

291. Villes principales. *HÉRAT*, au S., au milieu d'une vallée fertile, capitale : 100,000 habit. — *Bamiam*, ville consistant en 12,000 excavations pratiquées dans le roc.

Béloutchistan.

SUPERFICIE. 350,000 kilomètres carrés.
POPULATION. 2,000,000 d'habitants.

292. Position. Le Béloutchistan ou Confédération des Béloutchis est au sud de l'Afghanistan.

293. Bornes. Au N., l'Afghanistan; — à l'E., l'Hindoustan; — au S., le golfe d'Oman; — à l'O., la Perse.

294. Productions. Les principales productions sont le riz, le maïs, le coton, l'indigo, la datte, la canne à sucre.

295. Villes principales. *KÉLAT*, au N., capitale : 20,000 habit. — *Gandava*, à l'E.

pulation? — 289. Quelles sont ses bornes? — 290. Quelles sont ses productions? — 291. Quelles sont les villes principales? — 292. Où est situé le Béloutchistan? Quelle est sa population? — 293. Dites ses bornes; — 294. ses productions. — 295. Quelles sont les villes principales?

CHAPITRE XIX.

Empire Chinois.

SUPERFICIE. 13,000,000 de kilomètres carrés.
POPULATION. 180,000,000 d'habitants.

296. **Position.** L'empire Chinois est une vaste contrée située dans la partie centrale et surtout dans la partie orientale de l'Asie.

297. **Bornes.** Au N., la Sibérie; — à l'E., les subdivisions du Grand Océan nommées mer d'Okhotsk, mer du Japon, mer Jaune, mer Bleue et mer de la Chine; — au S., la mer de la Chine, l'Indo-Chine et l'Hindoustan; — à l'O., l'Hindoustan et le Turkestan.

298. **Division.** L'empire Chinois comprend six pays principaux, qui sont : la *Chine proprement dite*, la *Corée*, le *Turkestan chinois*, la *Mongolie*, le *Tibet* et le *Boutan*.

299. **Iles.** L'île *Formose*; — l'île *Haï-Nan*; — l'archipel de *Licou-Kieou*.

300. **Montagnes.** Les monts *Himalaya*, entre l'Hindoustan et le Tibet; — les *Pe-Ling* (monts du nord) et les *Nan-Ling* (monts du sud), dans la Chine proprement dite.

QUESTIONS. — 296. Où est situé l'empire Chinois? Quelle est sa population? — 297. Quelles sont ses bornes? — 298. Comment est divisé l'empire Chinois.? — 299. Nommez les îles principales; — 300. les montagnes; — 301.

301. Fleuves. Le *Hoang-Ho* ou fleuve *Jaune*, qui se jette dans la mer Jaune; — le *Yang-Tsé-Kiang* ou fleuve par excellence, nommé par les Européens fleuve *Bleu*, qui se rend dans la mer Bleue; — l'*Amour* ou *Sakhalien*, qui se jette dans la mer d'Okhotsk.

302. Productions. Les productions principales de l'empire Chinois sont le thé, les fruits, le riz, le coton. Le ver à soie est originaire de la Chine, qui possède aussi des mines d'or, d'argent, d'étain, de fer et de mercure.

303. Villes principales. *PÉKING*, à l'E., capitale de l'empire : 1,300,000 habit. — A l'E., *Nanking*, sur le Yang-Tsé-Kiang, ville très-commerçante; *Chang-Haï*, port sur le Yang-Tsé-Kiang; *Sou-Tchéou*, sur le canal Impérial. — Au S., *Canton*, sur le Tigre, près de la mer de la Chine, une des villes les plus commerçantes de l'Asie; *Macao*, ville fortifiée et port commerçant, sur une petite île : les Portugais y ont un établissement important.

Empire du Japon.

SUPERFICIE. 550,000 kilomètres carrés.
POPULATION. 28,000,000 d'habitants.

304. Position. L'empire du Japon, situé à l'est de l'Asie, dont il est séparé par la mer à laquelle il donne son nom, se compose de plusieurs îles.

les fleuves. — 302. Dites les productions principales de la Chine. — 303. Quelle est la population de Péking? Quelles sont les autres villes importantes? — 304. Où est situé l'empire du Japon? Quelle est sa population? —

305. Bornes. Au N., la mer d'Okhotsk et les îles Kouriles russes; — à l'E. et au S., le Grand Océan; — à l'O., la mer du Japon et la Manche de Tartarie.

306. Productions. Les îles qui composent l'empire du Japon renferment des mines d'or et d'argent, et produisent du thé, du riz, des cannes à sucre, des fruits divers, du coton, de l'indigo, du camphre.

307. Villes principales. *Yédo*, dans l'île Niphon, à l'E., capitale : 1,200,000 habit.; — *Osaka*, dans l'île Niphon, au N., port important; — *Miako* ou *Kio*, dans l'île Niphon, au S., fabriques de porcelaine, manufactures d'étoffes d'or, de soie et d'argent; — *Nangasaki*, dans l'île Kiou-Siou, à l'O.

CHAPITRE XX.

Hindoustan.

SUPERFICIE. 3,258,750 kilomètres carrés.
POPULATION. 130,000,000 d'habitants.

308. Position. L'Hindoustan, aussi nommé presqu'île occidentale de l'Inde ou Inde en deçà du Gange, est dans la partie méridionale de l'Asie.

305. Dites ses bornes; — 306. ses productions. — 307. Quelle est la capitale du Japon? Nommez les autres villes.

QUESTIONS. — 308. Où est situé l'Hindoustan? Quel autre nom porte-t-il? Dites sa population. — 309. Quelles

309. Bornes. Au N., l'empire Chinois; — à l'E., l'Indo-Chine et le golfe du Bengale; — au S., l'océan Indien; — à l'O., le golfe d'Oman, le Béloutchistan et l'Afghanistan.

310. Division. L'Hindoustan comprend quatre parties principales : les *possessions anglaises;* les *États tributaires ou alliés des Anglais;* les *États indépendants;* les *possessions françaises et portugaises.*

311. Iles. *Ceylan,* île considérable située au sud-est de la pointe de l'Hindoustan. — Les *Laquedives,* à l'ouest de la côte occidentale. — Les *Maldives,* au sud des Laquedives.

312. Montagnes. Les monts *Himalaya,* dont les sommets sont couverts de neiges éternelles et qui forment la plus haute chaîne du globe, séparent l'Hindoustan du Tibet; — les *Gattes orientales,* au sud-est de l'Hindoustan, et les *Gattes occidentales,* à l'ouest.

313. Fleuves. Le *Gange,* le *Brahmapoutre,* qui se jettent dans le golfe du Bengale; — l'*Indus* ou *Sind,* qui se jette dans le golfe d'Oman.

314. Productions. Le sol de l'Hindoustan offre, en général, une riche végétation. Il produit abondamment du riz, des cannes à sucre, des épices, des aromates, du coton, de la soie, des bois précieux, des plantes à teinture. On y trouve aussi des mines d'or et d'argent, des diamants et d'autres pierres précieuses.

sont ses bornes? — 310. Comment divise-t-on l'Hindoustan? — 311. Nommez les îles; — 312. les montagnes principales; — 313. les fleuves. — 314. Quelles sont les

Possessions anglaises.

315. Notions générales. Les possessions anglaises comprennent : 1° le territoire de la compagnie des Indes orientales, divisé en cinq présidences ou grands gouvernements ; 2° l'île de Ceylan. La population de ces possessions est de 80,000,000 d'habitants. — Les villes principales sont : *Calcutta*, à l'E., port maritime, sur l'Hougly, une des branches du Gange, au fond du golfe du Bengale, chef-lieu d'une présidence, capitale de toute l'Inde anglaise ; commerce immense : 600,000 habit. ; — au N., *Dehly*, grande et belle ville ; *Agrah*, chef-lieu d'une présidence ; *Bénarès*, sur le Gange, commerce très-important ; — au N. O., *Lahore*, chef-lieu d'une présidence et ancienne capitale du Pendjab ; *Cachemire*, fabriques de beaux châles ; — au S., *Madras*, près de la mer, chef-lieu d'une présidence, principale ville de la côte orientale ; — à l'O., *Bombay*, chef-lieu d'une présidence, port militaire et de commerce, principale ville de la côte occidentale ; *Surate*, port fréquenté, sur la même côte ; — *Columbo*, capitale de l'île de Ceylan : 50,000 habit.

États tributaires ou alliés des Anglais.

316. Notions générales. Les États tributaires ou alliés des Anglais se composent de plusieurs royau-

productions de cette contrée ? — 315. Quels sont les pays que comprennent les possessions anglaises? Comment se divisent-elles? Dites la population. Quelles sont les villes principales? — 316. Quelles parties comprennent les

mes, dont les principaux sont ceux d'*Aoude*, de *Djeypour*, d'*Odeypour*, du *Nizam* et de *Maïssour* ou *Mysore*. Leur population est de 40,000,000 d'habit. — Les villes principales sont : *Laknau*, grande ville, capitale de l'État d'Aoude ; *Djeypour*, une des plus belles villes de l'Inde, capitale de l'État du même nom ; *Odeypour*, capitale de l'État du même nom ; *Golconde*, célèbres mines de diamants ; *Maïssour* ou *Mysore*, capitale de l'État du même nom.

États indépendants.

317. Notions générales. Les États indépendants comprennent : le royaume de *Neypâl*, la principauté de *Sindhy* et le royaume des îles *Maldives*. Leur population est évaluée à 10,000,000 d'habit. — Les villes principales sont : *Catmandou*, capitale du Neypâl ; *Haïder-Abad*, sur l'Indus, capitale de la principauté de Sindhy ; *Malé*, capitale des Maldives.

Possessions françaises ou portugaises.

318. Notions générales. Possessions françaises. Ces possessions comptent 200,000 habit. et se composent de quelques villes situées dans diverses parties de l'Hindoustan. *Pondichéry*, port de mer sur la côte orientale, chef-lieu des possessions françaises : 40,000 habit. ; *Chandernagor*,

États tributaires ou alliés des Anglais ? Quelle est leur population ? Dites les villes principales. — 317. Quelles parties comprennent les États indépendants ? Quelle en est la population ? Dites les villes principales. — 318. Quelle est la population des possessions françaises ? Dites

ville très-commerçante, sur l'Hougly, au nord de Calcutta ; *Mahé,* sur la côte occidentale, port de mer important.

319. **Possessions portugaises.** Ces possessions ont 50,000 habitants et se composent des villes suivantes : *Nouveau-Goa*, au sud, dans une petite île, près de la côte occidentale, chef-lieu des possessions portugaises ; *Daman,* port de mer, au sud de Surate.

Indo-Chine.

SUPERFICIE. 2,000,000 de kilomètres carrés.
POPULATION. 25,000,000 d'habitants.

320. **Position.** L'Indo-Chine, aussi nommée presqu'île orientale de l'Inde ou Inde transgangétique (au delà du Gange), est située dans la partie méridionale de l'Asie.

321. **Bornes.** Au N., l'empire Chinois ; — à l'E., l'empire Chinois et la mer de la Chine ; — au S., la mer de la Chine ; — à l'O., le détroit de Malacca, le golfe du Bengale et l'Hindoustan.

322. **Division.** L'Indo-Chine comprend cinq parties principales : les *possessions anglaises,* l'empire d'*An-Nam*, le royaume de *Siam*, l'empire *Birman*, le *Malacca indépendant.*

323. **Iles.** Les îles *Andaman* et les îles *Nicobar*, à l'ouest, dans le golfe du Bengale. —

les villes principales. — 319. Quelle est la population des possessions portugaises ? Nommez les villes principales. — 320. Où est située l'Indo-Chine ? Quelle est sa population ? — 321. Dites ses bornes. — 322. Comment se divise-t-elle ? — 323. Nommez ses îles ; — 324. ses

Les îles des *Pirates*, à l'est, dans le golfe du Tonquin.

324. **Fleuves.** Le *Brahmapoutre* et l'*Irraouaddy*, qui se jettent dans le golfe du Bengale; — le *Meïnam* et le *May-Kang*, qui se rendent dans la mer de la Chine.

325. **Productions.** Les productions principales de l'Indo-Chine sont le riz, les cannes à sucre, des épices, des plantes aromatiques, l'indigo, le coton, la soie, les bambous, des bois de sandal et d'ébène.

Possessions anglaises.

326. **Notions générales.** Les possessions anglaises, situées à l'ouest et réunies sous le nom d'*Indo-Chine anglaise*, renferment comme divisions principales l'*Assam* et l'*Aracan*, et ont une population de 3,000,000 d'habitants. — Les villes principales sont : *Rangoun*, port très-important; *Malacca*, port à l'extrémité de la presqu'île de ce nom; *Singapour*, dans l'île de ce nom, port à la pointe de la presqu'île de Malacca, centre d'un grand commerce entre les Indes, la Chine et l'Europe.

Empire d'An-Nam.

327. **Notions générales.** L'empire d'An-Nam, le plus oriental et le plus puissant de l'Indo-Chine, se compose d'anciens royaumes indépendants,

fleuves. — 325. Quelles sont ses productions? — 326. Dites la position, la population et les villes principales des possessions anglaises; — 327. de l'empire d'An-Nam;

dont les plus importants étaient ceux de Cochinchine et de Tonquin. La population est de 12,000,000 d'habitants. — Les villes principales sont : *HUÉ*, à l'E., grande ville, capitale; *Ketcho*; *Saïgong*; *Cambodge*.

Royaume de Siam.

328. **Notions générales.** Le royaume de Siam, situé à l'ouest de l'empire d'An-Nam, a 4,000,000 d'habitants. — Les villes principales sont : *BANGKOK*, au centre, port sur le Meïnam, capitale; *Siam*, dans une grande île formée par le Meïnam; *Kédah*, port sur la côte occidentale.

Empire Birman.

329. **Notions générales.** L'empire Birman, situé à l'est de l'Indo-Chine anglaise, a 5,000,000 d'habitants. — Les villes principales sont : *AVA*, au centre, sur l'Irraouaddy, capitale; *Amarapoura*, près de l'Irraouaddy.

Malacca indépendant.

330. **Notions générales.** Le Malacca indépendant, composé de cinq royaumes, comprend la partie méridionale de la presqu'île de Malacca; il a 500,000 habitants. — Les villes principales sont : *Pahang*, port sur la côte orientale; *Salengore*, port sur la côte occidentale.

— 328. du royaume de Siam; — 329. de l'empire Birman; — 330. du Malacca indépendant.

CHAPITRE XXI.

Afrique.

Superficie. 30,000,000 de kilomètres carrés.
Population. 70,000,000 d'habitants.

331. Position. L'Afrique, l'une des cinq parties du monde, appartient à l'ancien continent, et forme une grande presqu'île qui tient à l'Asie par l'isthme de Suez.

332. Bornes. Au N., la mer Méditerranée; — à l'E., l'Arabie, la mer Rouge et l'océan Indien; — au S., le Grand Océan; — à l'O., l'océan Atlantique.

333. Division. L'Afrique se divise en **dix-sept** parties principales, savoir : au nord-ouest, l'empire de *Maroc*, l'*Algérie*, la régence de *Tunis*, la régence de *Tripoli*, le *Sahara*; — au nord-est, l'*Égypte*, la *Nubie*; — à l'ouest, la *Sénégambie*, l'*Ouankara* ou *Guinée septentrionale*, le *Congo* ou *Guinée méridionale*, la *Cimbébasie*; — au centre, la *Nigritie*; — à l'est, l'*Abyssinie*, le *Somál*, qui comprend les pays vulgairement désignés sous les noms de côtes d'*Ajan* et d'*Adel*, le *Zanguebar*, le pays de *Mozambique*; — au sud, la *Hottentotie*, la *Cafrerie*, la colonie du *Cap de Bonne-Espérance*.

Questions. — 331. Où est située l'Afrique? Quelle est sa population? — 332. Quelles sont ses bornes? — 333. En combien de parties se divise l'Afrique? Où sont situées

GÉNÉRALITÉS.

334. Mers. L'Afrique n'a pas de mers qui lui soient particulières. La mer *Méditerranée* appartient aussi à l'Asie et à l'Europe; l'*océan Indien* et la mer *Rouge* appartiennent également à l'Asie.

335. Golfes. Les principaux golfes de l'Afrique sont les golfes de *Tunis* et de *Cabès*, formés par la mer Méditerranée, sur les côtes de la Barbarie; — le golfe de *Guinée*, sur les côtes de la Guinée; — le golfe *Arabique* ou mer *Rouge*, qui forme lui-même le golfe de *Suez*.

336. Détroits. Les détroits les plus remarquables de l'Afrique sont : le détroit de *Gibraltar*, qui sépare l'Afrique de l'Europe; — le détroit de *Bab-el-Mandeb*, entre l'Asie et l'Afrique.

337. Iles. Les principales îles de l'Afrique sont : dans la Méditerranée, les îles *Zerbi* et *Pantellaria*; — dans l'océan Atlantique, les îles *Madère*, les îles *Canaries*, celles du *Cap-Vert*, les îles *Gorée*, *Sainte-Hélène* et de l'*Ascension*; — dans le Grand Océan, les îles du *Prince-Édouard* et la terre de *Kerguelen*; — dans l'océan Indien, l'île *Socotora*, les îles *Seychelles*, les *Comores*, l'île de *Madagascar*, les *Mascareignes* (îles de *France* ou *Maurice* et de *la Réunion* ou *Bourbon*).

338. Caps. Les caps les plus remarquables de l'Afrique sont : le cap *Bon*, au nord-est de Tunis; — le cap *Vert*, sur la côte de la Sénégambie;

ces diverses parties? — 334. Nommez les mers; — 335. les golfes; — 336. les détroits. — 337. Quelles sont les îles principales de l'Afrique? — 338. Nommez les caps prin-

— le cap *Guardafui*, à l'extrémité orientale de l'Afrique; — le cap de *Bonne-Espérance* et le cap des *Aiguilles*, au sud.

339. Montagnes. Les chaînes principales de montagnes de l'Afrique sont : la chaîne de l'*Atlas*, qui s'étend parallèlement à la Méditerranée, de l'O. à l'E.; — les monts *El-Kamar* ou monts de la *Lune*, au centre de la Nigritie; — les monts de *Kong*, entre la Nigritie et la Guinée septentrionale; — les monts *Lupata*, nommés aussi *Épine du Monde*, à l'ouest du Mozambique.

340. Fleuves. L'Afrique est arrosée par plusieurs fleuves importants. — La Méditerranée reçoit le *Nil*, formé par deux rivières, le *Bahr-el-Abiad* ou *Nil Blanc* et le *Bahr-el-Azrak* ou *Nil Bleu*. — L'océan Atlantique reçoit le *Sénégal*, la *Gambie*, le *Niger* ou *Dioliba*, le *Zaïre* ou *Congo* et l'*Orange*. — L'océan Indien reçoit le *Zambèze* ou *Couama*.

341. Lacs. Les lacs les plus considérables de l'Afrique sont : le lac *Laoudéah*, dans la régence de Tunis; — le lac *Dembéa*, dans l'Abyssinie; — le lac *Tchad*, dans la Nigritie septentrionale.

342. Description générale. Le sol de l'Afrique offre les contrastes les plus frappants : d'un côté, la végétation la plus active, la plus vigoureuse; de l'autre, la plus affreuse aridité. Près des côtes, et sur les bords des fleuves, on voit des terrains

---

cipaux; — 339. les principales chaînes de montagnes; — 340. les principaux fleuves. — 341. Quels sont les principaux lacs? — 342. Quel aspect général présente l'Afrique?

GÉNÉRALITÉS. 117

dont la fertilité est admirable; plus loin s'étendent d'immenses solitudes stériles. L'Afrique, située presque tout entière sous la zone torride, est généralement brûlée par les ardeurs du soleil. Les régions fertiles produisent les cannes à sucre, des épices, les ananas, les orangers, toutes les espèces de palmiers, les bananiers, les arbres à gomme. L'Afrique possède aussi des mines d'or, d'argent, de cuivre, de plomb, de sel, et diverses sortes de pierres précieuses.

343. **Établissements européens en Afrique.** La France possède l'*Algérie*, dans l'Afrique septentrionale, des établissements dans la *Sénégambie*, l'île de *la Réunion* ou *Bourbon*. L'Angleterre possède la colonie du *Cap-de-Bonne-Espérance*, des établissements dans la *Sénégambie*, l'île de *France* ou *Maurice*, etc. Au Portugal appartiennent le pays de *Mozambique*, des établissements dans la *Sénégambie*, le *Congo*, les îles de *Madère* et du *Cap-Vert*. L'Espagne possède les îles *Canaries* et quelques forteresses dans l'empire de *Maroc*. Les *régences de Tripoli* et de *Tunis*, la *vice-royauté d'Égypte*, certaines parties de la *Nubie* et de l'*Abyssinie*, sont sujettes ou vassales de l'empire ottoman.

344. **Notions des anciens.** Les anciens ne connaissaient de l'Afrique que les côtes septentrionales, qu'ils divisaient en *Mauritanie*, à l'O., *Numidie*, *Afrique propre* ou *pays de Carthage*,

Quel est le climat de cette partie du monde? Quelles sont ses productions? — 343. Quels sont les principaux établissements européens en Afrique? — 344. Quelles par-

Libye, au centre, et *Égypte*, à l'E., et une partie des côtes de la mer Rouge, le long de laquelle s'étendait l'*Éthiopie*. L'Égypte fut le berceau des arts et des sciences, et après la chute de Carthage, si célèbre par sa puissance maritime et commerciale, les Romains firent de l'Afrique propre le centre de leur domination.

CHAPITRE XXII.

Empire de Maroc [1].

345. Notions générales. L'empire de Maroc, situé le long de la Méditerranée et de l'Océan, à l'extrémité nord-ouest de l'Afrique, a une population de 7 à 8,000,000 d'habitants; il est traversé par la chaîne de l'Atlas et offre un sol très-fertile. — Les villes principales sont: à l'O., MAROC, capitale, ville industrieuse : 60,000 habit.; — au centre, *Fez*, commerce important; *Méquinez*, dans une belle vallée, résidence de l'empereur; — au N., *Tanger*, sur le détroit de Gibraltar; *Ceuta* (aux Espagnols), sur le même détroit.

ties de l'Afrique les anciens connaissaient-ils? Comment la divisaient-ils?

QUESTIONS. — 345. Donnez quelques notions générales

---

[1]. Cette contrée et les trois suivantes, désignées sous le nom de *côte de Barbarie*, ont ensemble une superficie de 2,470,000 kilomètres carrés et une population de 12 à 14,000,000 d'habitants.

Algérie.

346. Notions générales. L'Algérie, ou Afrique française, occupe tout le nord de l'Afrique depuis la régence de Tunis, à l'E., jusqu'à l'empire de Maroc, à l'O.; elle est divisée en trois provinces ou départements, et a une superficie de 390,000 kilomètres carrés et une population d'environ 3,000,000 d'habitants, dont 150,000 Européens. La chaîne de l'Atlas en couvre la majeure partie; cependant le sol y est généralement fertile. — Les villes principales sont : au N., *ALGER*, capitale, port sur la Méditerranée, chef-lieu d'une province et résidence du gouverneur général : 60,000 habit.; — à l'E., *Constantine*, chef-lieu de la province la plus fertile; *Bône*, port sur la Méditerranée; — à l'O., *Oran*, port sur la même mer et chef-lieu d'une province.

Régence de Tunis.

347. Notions générales. La régence de Tunis, qui s'étend à l'E. de l'Algérie, a 2,000,000 d'habit.; le sol n'en est productif que dans la partie septentrionale. Cet État est gouverné héréditairement par un bey vassal de la Turquie. — Les villes principales sont : au N., *TUNIS*, capitale, port sur la Méditerranée, une des villes les plus commerçantes de l'Afrique : 105,000 habit.; — à l'E., *Cabès*, port de mer fréquenté.

sur l'empire de Maroc; — 346. sur l'Algérie; — 347. sur la régence de Tunis; — 348. sur la régence de Tripoli.

Régence de Tripoli.

348. Notions générales. La régence de Tripoli, située entre l'Égypte, à l'E., et la régence de Tunis, à l'O., se compose en général de grandes plaines arides, est gouvernée par un pacha héréditaire vassal de la Turquie, et a 1,000,000 d'habit. — Les villes principales sont : au N., *Tripoli*, capitale, port sur la Méditerranée : 28,000 habit. ; *Mourzouk*, le rendez-vous des caravanes qui viennent du Caire ou de l'intérieur de l'Afrique; *Derne*, port sur la Méditerranée.

Sahara.

Superficie. 4,500,000 kilomètres carrés.
Population. 1,000,000 d'habitants.

349. Position. Le Sahara ou Grand-Désert est situé dans la partie septentrionale de l'Afrique et le long de l'Océan.

350. Bornes. Au N., les États barbaresques ; — à l'E., l'Égypte et la Nubie ; — au S., la Nigritie et la Sénégambie ; — à l'O., l'océan Atlantique.

351. Production. Quelques oasis, c'est-à-dire des espaces où se montre la végétation au milieu des sables du désert, produisent des palmiers, des dattiers, des arbres à gomme.

352. Villes principales. *Talent, Agably, Aghadès.*

— 349. Dites la position du Sahara; sa population ; — 350. ses bornes ; — 351. ses productions. — 352. Quelles

Égypte.

SUPERFICIE. 475,000 kilomètres carrés.
POPULATION. 4,000,000 d'habitants.

353. Position. L'Égypte est située à l'extrémité nord-est de l'Afrique.

354. Bornes. Au N., la Méditerranée ; — à l'E., le golfe Arabique ou mer Rouge et l'isthme de Suez, qui la sépare d'une partie de l'Arabie ; — au S., la Nubie ; — à l'O., la Barbarie et le Sahara.

355. Division. L'Égypte comprend trois grandes parties : la *basse Égypte* ou *Delta*, au nord ; la *moyenne Égypte* (Ouestaniéh), au milieu ; la *haute Égypte* (Saïd), au sud.

356. Fleuves. Le *Nil*, qui traverse l'Égypte du sud au nord, entre dans la mer Méditerranée par plusieurs branches, dont les principales, celles de *Rosette* et de *Damiette*, forment une île triangulaire appelée *Delta*.

357. Productions. L'Égypte produit avec une merveilleuse abondance le blé, le riz, la canne à sucre, le dattier, le cotonnier, le chanvre, le lin, l'indigotier. On y trouve aussi l'or, le fer, le marbre, le porphyre, le granit.

358. Villes principales. LE CAIRE, au N., à peu de distance de la rive droite du Nil, capitale :

sont ses villes ? — 353. Où est située l'Égypte ? Quelle est sa population ? — 354. Dites ses bornes ; — 355. sa division ; — 356. ses fleuves. — 357. Quelles sont ses productions ? — 358. Nommez les villes principales. — 359. Où

335,000 habit. — *Alexandrie*, au N., port commerçant, sur une langue de terre qui s'avance dans la Méditerranée. — *Rosette* et *Damiette*, sur deux branches du Nil. — *Suez*, port sur la mer Rouge. — *Syout*, capitale de la haute Égypte. — *Gyzéh*, dans les environs de laquelle se trouvent les fameuses pyramides.

Nubie.

SUPERFICIE. 1,200,000 kilomètres carrés.
POPULATION. 2,000,000 d'habitants.

359. **Position.** La Nubie est située dans la partie nord-est de l'Afrique.

360. **Bornes.** Au N., l'Égypte; — à l'E., la mer Rouge; — au S., l'Abyssinie et la Nigritie; — à l'O., le Sahara et la Nigritie.

361. **Division.** La Nubie comprend plusieurs États, entre autres le *Dongolah*, le *Chendy* et le *Sennaar*.

362. **Productions.** Les productions principales de cette contrée sont le riz, les cannes à sucre, le tabac, la poudre d'or, les bois d'ébène et de sandal.

363. **Villes principales.** *Maraka*, au centre, sur le Nil, capitale de l'État de Dongolah. — *Sennaar*, au S.; — *Souakem*, à l'E., port sur la mer Rouge.

est située la Nubie? Quelle est sa population? — 360. Dites ses bornes; — 361. sa division; — 362. ses productions; — 363. ses villes principales. — 364. Où est située la

Sénégambie.

SUPERFICIE. 1,000,000 de kilomètres carrés.
POPULATION. 10,000,000 d'habitants.

364. **Position.** La Sénégambie, dont le nom est formé de celui des deux fleuves principaux qui l'arrosent, le Sénégal et la Gambie, est située dans la partie occidentale de l'Afrique.

365. **Bornes.** Au N., le Sahara ; — à l'E., la Nigritie ; — au S., la Guinée septentrionale ; — à l'O., l'océan Atlantique.

366. **Division.** La Sénégambie, outre les possessions appartenant aux nations européennes, renferme plusieurs États indépendants [1].

367. **Productions.** Cette contrée produit des fruits excellents, des gommes, de l'or, des bois précieux.

368. **Villes principales.** *Timbo, Sédo, Ferbanna, Cacondy, Bénaoum*, capitales de divers États.

369. **Établissements européens.** Les Français possèdent sur la côte, à l'embouchure du Sénégal et entre ce fleuve et la Gambie : *Saint-Louis*, dans l'île de ce nom, chef-lieu des établissements français ; *Gorée*, dans l'île du même nom; *Al-*

Sénégambie? Quelle est sa population? — 365. Dites ses bornes ; — 366. sa division. — 367. Quelles sont ses productions? — 368. Dites les villes principales. — 369. Nommez les possessions françaises, les possessions anglaises,

1. En France, on désigne aussi cette contrée sous le nom de *Sénégal*, parce que les établissements les plus importants des Français sont sur les bords de ce fleuve.

124   AFRIQUE.

bréda, sur la Gambie ; — les Anglais, *Bathurst*, à l'embouchure de la Gambie, dans une île, chef-lieu de leurs possessions ; — les Portugais, *Cacheo*, chef-lieu de leurs possessions.

Ouankara ou Guinée septentrionale.

SUPERFICIE. 2,000,000 de kilomètres carrés.
POPULATION. 8,000,000 d'habitants.

370. **Position.** L'Ouankara, ou Guinée septentrionale, est situé dans la partie occidentale de l'Afrique.

371. **Bornes.** Au N., la Sénégambie et la Nigritie ; — à l'E., la Nigritie ; — au S., la Guinée méridionale et l'océan Atlantique ; — à l'O., l'océan Atlantique.

372. **Division.** La Guinée septentrionale renferme divers États, dont le plus puissant est l'empire d'*Achanti*.

373. **Productions.** La Guinée septentrionale donne des cannes à sucre, de l'indigo, et on en exporte de la poudre d'or, de l'ivoire, des bois précieux.

374. **Villes principales.** *Coumassie*, capitale de l'empire d'Achanti. — *Abomey, Bénin, Lagos, Ouary*, capitales de divers États.

375. **Établissements européens.** Les Anglais possèdent *Freetown* et *Cap-Corse* ; — les Français,

les possessions portugaises. — 370. Où est situé l'Ouankara ? Quelle est sa population ? — 371. Dites ses bornes ; — 372. sa division ; — 373. ses productions ; — 374. ses villes principales. — 375. Quels sont les établissements

Assinie et *Gabon*; — les Hollandais, *Elmina* ou *Saint-Georges de la Mine*; — les Danois, *Christianborg*.

Congo ou Guinée méridionale.

SUPERFICIE. 900,000 kilomètres carrés.
POPULATION. 4,000,000 d'habitants.

376. **Position.** Le Congo, nommé aussi Guinée méridionale, est situé dans la partie occidentale de l'Afrique.

377. **Bornes.** Au N., la Guinée septentrionale; — à l'E., la Nigritie; — au S., la Cafrerie et la Cimbébasie; — à l'O., l'océan Atlantique.

378. **Division.** Cette contrée renferme, outre les possessions portugaises, quelques États indépendants, entre autres les royaumes de *Congo*, d'*En-Goyo* et de *Loango*.

379. **Productions.** La Guinée méridionale produit principalement des épices et des bois précieux, et on tire de ce pays de la poudre d'or et une grande quantité d'ivoire.

380. **Villes principales.** *San-Salvador* ou *Banza*, capitale du royaume de Congo. — *Bouali* ou *Loango*, sur l'océan Atlantique, capitale du Loango. — *Cabenda*, capitale de l'En-Goyo, port à l'embouchure du Zaïre.

européens? — 376. Où est situé le Congo? Quelle est sa population? — 377. Dites ses bornes; — 378. sa division; — 379. ses productions; — 380. ses villes principales. —

381. Établissements européens. Les Portugais possèdent *Saint-Paul de Loanda*, chef-lieu de leurs possessions, et *Saint-Philippe de Benguela*, capitale du royaume de Benguela.

Cimbébasie.

382. Notions générales. La Cimbébasie, ainsi appelée de la principale tribu qui l'habite, les Cimbébas, est une contrée aride qui s'étend sur la côte occidentale de l'Afrique, depuis le cap Frio jusqu'au pays des Hottentots. C'est sur les côtes de la Cimbébasie que se trouve l'île d'*Ichaboé*, renommée pour le guano, espèce d'engrais puissant qu'on en tire.

CHAPITRE XXIII.

Nigritie.

SUPERFICIE. 10,000,000 de kilomètres carrés.
POPULATION. 12,000,000 d'habitants [1].

383. Position. La Nigritie est une vaste contrée de l'Afrique centrale, très-peu connue.

384. Bornes. Au N., le Sahara; — à l'E., la Nubie, l'Abyssinie et le Zanguebar; — au S., le

---

381. Quel est le chef-lieu des possessions portugaises? — 382. Donnez quelques détails sur la Cimbébasie.
QUESTIONS. — 383. Où est située la Nigritie? Quelle est sa population? — 384. Dites ses bornes; — 385. ses divi-

[1]. La superficie et la population de cette contrée ne sont qu'approximatives : elles sont trop peu connues pour qu'on puisse les déterminer.

ABYSSINIE. 127

Mozambique et la Cafrerie; — à l'O., la Sénégambie, la Guinée septentrionale et le Congo.

385. **Division.** La Nigritie se compose d'un grand nombre d'États, dont les plus importants sont dans le *Takrour* ou *Soudan*, partie septentrionale de cette contrée, le *Kordofan*, le *Darfour* et le *Ninéanaï*.

386. **Productions.** La Nigritie produit le riz, les dattiers, le lin, les ébéniers, et possède aussi des mines d'or, d'argent, de cuivre et de sel.

387. **Villes principales.** *Tombouctou*, au N. O., capitale d'un royaume; commerce très-actif avec les contrées du nord de l'Afrique : 16,000 habit. — *Kouka*, près du lac Tchad. — *Cobbé*, ancienne capitale du Darfour. — *Obéid*, capitale du Kordofan. — *Yanvo*, capitale des Molouas.

Abyssinie.

SUPERFICIE. 900,000 kilomètres carrés.
POPULATION. 3,000,000 d'habitants.

388. **Position.** L'Abyssinie est située dans la partie orientale de l'Afrique.

389. **Bornes.** Au N., la Nubie et la mer Rouge; — à l'E., le Somâl; — au S. et à l'O., la Nigritie.

390. **Division.** L'Abyssinie comprend plusieurs États, dont les plus importants sont ceux de *Tigré* et de *Gondar* ou d'*Amhara*.

sions. — 386. Quelles sont ses productions principales? — 387. Quelles sont les principales villes? — 388. Où est située l'Abyssinie? Quelle est sa population? — 389. Dites ses bornes; — 390. sa division; — 391. ses productions;

391. Productions. Cette contrée donne à peu près les mêmes productions que l'Égypte et la Nubie.

392. Villes principales. *Gondar*, au centre, capitale d'un royaume et la ville la plus importante de l'Abyssinie. — *Adoueh*, capitale du royaume de Tigré. — *Axoum*. — *Ankober*.

Somâl et Zanguebar.

393. Notions générales. Le Somâl et le Zanguebar, situés dans la partie orientale de l'Afrique, sont encore peu connus. La population est évaluée à 2,000,000 d'habitants. On tire de ces contrées de la poudre d'or, de l'ivoire, de l'encens, de la myrrhe. Les villes principales sont : *Zéila*, *Berbera* et *Harar*, dans le Somâl ; *Quiloa*, *Mélinde*, *Brava* et *Magadoxo*, dans le Zanguebar.

Pays de Mozambique.

394. Notions générales. Le pays de Mozambique, situé dans la partie orientale de l'Afrique, le long de l'océan Indien, appartient aux Portugais. Sa population est évaluée à 3,000,000 d'habitants. Il renferme d'abondantes mines d'or et d'argent. Les principales villes sont : *Mozambique*, dans l'île de ce nom, près de la côte, résidence du gouverneur général portugais :

— 392. ses villes principales. — 393. Où sont situés le Somâl et le Zanguebar? Quelle est leur population? Dites les villes principales. — 394. Où est situé le pays de Mozambique? A qui appartient-il? Dites sa population; les

2,000 habit.; *Sofala*, sur le canal de Mozambique.

Hottentotie.

395. Notions générales. La Hottentotie est une contrée de l'Afrique méridionale, dont la population est évaluée à 400,000 habit. Les Hottentots, partagés en tribus nombreuses, n'habitent que des villages peu importants.

Cafrerie.

396. Notions générales. La Cafrerie est cette immense contrée comprise entre la Nigritie, au N., et la Hottentotie, au S. Sa population est évaluée à 3,000,000 d'habitants. Les Cafres de ces régions sont de mœurs plus douces que les autres nègres, et se montrent fort industrieux. Au sud-est est située une région connue sous le nom de *côte de Natal*. Les villes principales sont : *Litakou* et *Kurrechane*, dans le pays des Betjouanas; *Zimbaoé*, capitale du Monomotapa; *Port-Natal*, ville principale de la côte de Natal, où les Anglais ont un établissement.

Colonie du Cap-de-Bonne-Espérance.

397. Notions générales. La colonie du Cap-de-Bonne-Espérance, qui appartient aux Anglais,

villes principales? — 395. Où est située la Hottentotie? Quelle est sa population? Comment sont divisés les Hottentots? — 396. Où est située la Cafrerie? Dites sa population. Comment s'appelle la côte située au sud-est? Dites les villes principales. — 397. Où est située la colonie du

occupe l'extrémité de l'Afrique méridionale. Sa population est de 150,000 habit. Les villes principales sont : *Le Cap*, au S., sur la baie de la Table, capitale de la colonie ; *Uitenhagen*, chef-lieu d'un gouvernement ; *Constance*, vin renommé.

Iles indépendantes des contrées continentales de l'Afrique.

398. **Notions générales.** Parmi les nombreuses îles qui se rattachent à l'Afrique, sans dépendre des États du continent, on remarque :

1° Dans l'océan Atlantique, les îles *Madère* (au Portugal), au sud-est des Açores, très-fertiles en vins ; les principales sont : *Madère* et *Porto-Santo*. — Les îles *Canaries* (à l'Espagne), au sud des îles Madère, très-fertiles ; les principales sont : *Ténériffe* et *Palma*. — Les îles du *Cap-Vert* (au Portugal), volcaniques et malsaines, à l'ouest du cap du même nom ; les principales sont : *Santiago* et *Saint-Nicolas*. — L'île de l'*Ascension* (à l'Angleterre), volcanique et presque inhabitable. — L'île *Sainte-Hélène* (à l'Angleterre), bordée de rochers escarpés, célèbre par la captivité et la mort de Napoléon Ier.

2° Dans l'océan Indien : *Madagascar*, la plus grande île de l'Afrique, entrecoupée de montagnes

Cap? Dites sa population ; ses villes principales. — 398. A quelle nation appartiennent les îles Madère? Quelles sont les principales? A qui appartiennent les îles Canaries? Quelles sont les principales? A qui appartiennent les îles du Cap-Vert? Citez les principales. A qui appartiennent les îles de l'Ascension et de Sainte-Hélène? Où est située

t de vastes forêts, avec une population de
,000,000 d'habitants. Le sol de cette île est
d'une fertilité remarquable et produit du riz, du
café, toutes sortes d'épices, du coton, de l'indigo,
du tabac. Les villes principales sont : *Tananarive*
et *Tamatave*. — Les îles *Mascareignes*, à l'E.
de Madagascar; les principales sont : l'île de la
Réunion ou *Bourbon* (à la France), fertile en café,
en coton et en indigo; capitale : *Saint-Denis;*
l'île de *France* ou *Maurice* (à l'Angleterre), fertile
en sucre et en café; capitale : *Port-Louis*. — Les
îles *Comores*, au N. O. de Madagascar, dont la
principale est *Mayotte* (à la France). — Les îles
Seychelles, au N. E. de Madagascar (aux Anglais).
— *Socotora*, à la pointe orientale de l'Afrique.

l'île de Madagascar? Quelles sont les productions de cette
île? Nommez les villes principales. Où sont situées les îles
Mascareignes? Quelles sont les principales? Dites la capitale de l'île de la Réunion; celle de l'île Maurice.—Nommez les autres îles.

CHAPITRE XXIV.

Amérique.

Superficie. 41,000,000 de kilomètres carrés.
Population. 60,000,000 d'habitants.

399. Position. L'Amérique, l'une des cinq parties du monde, forme le nouveau continent. Elle est située entre l'Asie et l'Océanie, à l'ouest, et l'Europe et l'Afrique, à l'est.

400. Bornes. Au N., l'océan Glacial Arctique ; — à l'E., le même océan et l'océan Atlantique ; — au S., l'océan Austral ; — à l'O., l'océan Glacial Arctique et le Grand Océan.

401. Division. Le continent américain forme deux grandes presqu'îles : l'une au nord, appelée *Amérique septentrionale ;* l'autre au sud, nommée *Amérique méridionale.*

L'Amérique septentrionale se divise en six parties, dont trois au nord, une au centre et deux au sud : — au nord, le *Groenland,* la *Russie américaine,* la *Nouvelle-Bretagne ;* — au centre, les *États-Unis ;* — au sud, le *Mexique* et le *Guatémala.*

L'Amérique méridionale se divise en dix parties, dont deux au nord, trois à l'ouest, quatre à l'est, une au sud : — au nord, la *Colombie,* la

Questions. — 399. Quelle est la position de l'Amérique ? Sa population ? — 400. Dites ses bornes. — 401. De quoi se compose le continent américain ? Nommez les contrées de l'Amérique septentrionale ; celles de l'Amérique méridio-

GÉNÉRALITÉS. 133

Guyane; — à l'ouest, le *Pérou,* la *Bolivie,* le *Chili;* — à l'est, le *Brésil,* la *Plata,* le *Paraguay,* l'*Uruguay;* — au sud, la *Patagonie.*

402. Mers. L'océan Glacial Arctique forme la mer *Polaire* vers le nord. — L'océan Atlantique forme la mer du *Groenland,* la mer de *Baffin,* la mer d'*Hudson,* au nord-est; la mer des *Antilles,* au sud-est, entre les deux Amériques. — Le Grand Océan forme la mer de *Béring,* au nord-ouest.

403. Golfes. Les golfes les plus remarquables de l'Amérique sont : le golfe *Saint-Laurent* et le golfe du *Mexique,* formés par l'océan Atlantique; — le golfe de *Californie,* nommé aussi mer *Vermeille* ou de *Cortez,* à l'ouest, formé par le Grand Océan; — le golfe de *Maracaïbo,* formé par la mer des Antilles; — le golfe *Saint-Georges,* formé par l'océan Atlantique; — le golfe de *Panama,* formé par le Grand Océan.

404. Détroits. Les principaux détroits de l'Amérique sont : le détroit d'*Hudson;* — le détroit de *Béring,* entre l'Amérique et l'Asie; — le nouveau canal de *Bahama,* au sud-est des États-Unis, qu'il sépare de l'archipel des *Lucayes;* — le détroit de *Magellan,* entre la terre de Feu et le continent; — le détroit de *Le Maire,* entre la terre de Feu et l'île des États.

405. Iles. Dans la mer de Béring, les îles *Aléoutiennes.* — Dans l'océan Atlantique, le groupe de

---

nale. — 402. Quelles sont les mers qui baignent l'Amérique? — 403. Dites les golfes; — 404. les détroits. — 405.

Terre-Neuve, les *Bermudes*, les *Antilles*; — dans l'océan Austral, le groupe de *Magellan*, dont les îles principales sont la *Terre de Feu* et l'île des *États;* les terres de *Joinville*, de *Louis-Philippe*, de la *Trinité* et de *Graham;* — dans le Grand Océan, une partie des îles *Aléoutiennes*, les îles *Gallapagos* et celles de *Juan-Fernandez*.

406. Presqu'îles. Les presqu'îles les plus considérables de l'Amérique sont : la presqu'île de *Labrador*, dans la Nouvelle-Bretagne; — la presqu'île de la *Floride*, dans les États-Unis; — celle de *Californie*, dans le Mexique.

407. Caps. Les principaux caps de l'Amérique sont : le cap *Farewell*, à la pointe méridionale du Groenland; — le cap *Charles*, à la pointe occidentale du Labrador; — le cap *Mendocino*, sur la côte occidentale du Mexique; — le cap *Saint-Lucas*, à la pointe de la Californie; — le cap *Blanc*, sur la côte ouest du Guatémala; — le cap *Gallinas*, sur la côte nord de la Colombie; — le cap *Nord*, sur la côte du Brésil; — le cap *Horn*, sur une petite île, au sud-est de la Terre de Feu.

408. Montagnes. Les chaînes de montagnes les plus considérables de l'Amérique sont : les monts *Rocheux*, au nord, qui parcourent la Russie américaine et l'ouest de la Nouvelle-Bretagne et des États-Unis; — les monts *Californiens*, qui bordent les côtes de la Californie; — les monts *Alléghany* ou *Apalaches*, à l'est des États-Unis; — les *Andes* ou *Cordillères*, le long du Grand

Nommez les principales îles; — 406. les presqu'îles; — 407. les caps. — 408. Quelles sont les montagnes de

Océan ; — la *Serra do Espinhaço*, vers l'est du Brésil.

409. Fleuves. Le *Mackensie*, qui se jette dans l'Océan Glacial Arctique ; — l'*Orégon* ou *Columbia*, dans le Grand Océan ; — le *Colorado*, dans le golfe de Californie ; — le *Saint-Laurent*, qui sépare la Nouvelle-Bretagne des États-Unis dans la partie supérieure de son cours et se jette dans le golfe de son nom ; — le *Mississipi*, qui se jette dans le golfe du Mexique ; — la *Madeleine* ou *Magdalena*, qui se jette dans la mer des Antilles ; — l'*Orénoque*, l'*Amazone* ou *Maragnon*, le *Tocantin* ou *Para*, le *Rio de la Plata*, formé par le *Parana* et l'*Uruguay*, qui se jettent dans l'océan Atlantique.

410. Lacs. Les principaux lacs de l'Amérique sont : les lacs de l'*Esclave*, de la *Pluie*, des *Rennes*, dans la Nouvelle-Bretagne ; — les lacs *Supérieur, Huron, Érié, Ontario*, entre la Nouvelle-Bretagne et les États-Unis ; — le lac *Michigan*, dans ce dernier pays ; — le lac de *Nicaragua*, dans le Guatémala ; — le lac de *Maracaibo*, dans la Colombie.

411. Description générale. De grandes chaînes de montagnes, dont les sommets élevés conservent des neiges éternelles ; des forêts aussi remarquables par leur étendue que par les dimensions gigantesques de leurs arbres ; des plaines immenses, tantôt nues et stériles, tantôt couvertes

---

l'Amérique ? — 409. Quels sont les principaux fleuves ? — 410. les principaux lacs ? — 411. Quelles sont les productions principales de l'Amérique ? Dans quelle contrée

d'herbes hautes et épaisses; des fleuves qui, par le volume de leurs eaux et la largeur de leur embouchure, ressemblent à des mers : tels sont les caractères généraux qu'offre le sol de l'Amérique. L'Amérique, comme l'Asie, embrassant toutes les zones dans son immense étendue, offre une grande variété dans ses climats et dans ses productions. Parmi ses principales productions, il faut citer le café, la canne à sucre, le riz, le cacao, des fruits excellents, le coton, l'indigo, le tabac, les plantes médicinales, les bois d'ébène, d'acajou et de campêche. De toutes les parties du monde, l'Amérique est la plus riche en métaux précieux. Outre des mines d'or et d'argent fort abondantes, surtout au Pérou, au Brésil, au Mexique et en Californie, elle donne encore des diamants, des pierres précieuses, le cuivre, le plomb, le fer, le mercure, etc. L'industrie et le commerce ont pris de grands développements dans certaines contrées, mais surtout aux États-Unis.

412. **Établissements européens en Amérique.** Dans l'Amérique septentrionale, l'Angleterre possède la *Nouvelle-Bretagne*; le Danemark a des établissements au *Groenland*, et la Russie, dans la *Russie américaine*; — dans l'Amérique méridionale, la France, l'Angleterre et la Hollande ont des établissements importants à la *Guyane*. — Parmi les îles, la *Jamaïque*, la *Barbade*, la *Trinité*, appartiennent à l'Angleterre; *Cuba, Porto-Rico*, aux Espagnols; la *Guadeloupe*, la *Marti-*

le commerce a-t-il surtout une grande importance? — 412. Quels sont les établissements que les Européens possèdent dans cette partie du monde?

GROENLAND. 137

nique, à la France; *Saint-Eustache* et *Curaçao*, à la Hollande; *Saint-Barthélemy*, à la Suède; *Saint-Thomas* et *Sainte-Croix*, au Danemark.

CHAPITRE XXV.

Groenland.

413. **Notions générales.** Le Groenland est situé dans le nord-est de l'Amérique septentrionale, et séparé du continent par la mer des Esquimaux. Sa population est évaluée à 20,000 habit. Les Danois possèdent la partie méridionale de cette contrée et y ont plusieurs établissements, qui n'ont d'importance qu'à cause de la pêche de la baleine.

Au nord-est du Groenland est situé le *Spitzberg*, composé d'un grand nombre d'îles.

Russie américaine.

414. **Notions générales.** La Russie américaine est une vaste contrée de l'Amérique septentrionale, dont elle occupe toute l'extrémité nord-ouest. Sa population est évaluée à 60,000 habit. Les îles forment la partie la plus importante de cette contrée, où l'on distingue trois archipels principaux : 1º l'archipel des îles *Aléoutiennes*, dont l'île principale est *Kodiak*; 2º celui du *Roi Georges*, renfermant l'île *Sitka* et celle de l'*Ami-*

QUESTIONS — 413. Où est situé le Groenland? Dites sa population. Quelle est la nation qui y a formé des établissements? — 414. Où est située la Russie américaine? Dites sa population. Quelles sont ses îles? Quel est le chef-

8.

rauté; 3° l'archipel du *Prince de Galles*. — Les Russes ont dans cette contrée des établissements importants où ils font un commerce considérable de pelleteries, et dont *la Nouvelle-Arkhangel,* dans l'île Sitka, est le chef-lieu.

Nouvelle-Bretagne.

SUPERFICIE. 9,223,250 kilomètres carrés.
POPULATION. 200,000 habitants.

415. Position. La Nouvelle-Bretagne occupe tout le nord de l'Amérique septentrionale. Elle appartient aux Anglais.

416. Bornes. Au N., l'océan Glacial Arctique; — à l'E., l'océan Atlantique; — au S., les États-Unis; — à l'O., la Russie américaine et le Grand Océan.

417. Division. La Nouvelle-Bretagne comprend plusieurs vastes contrées, dont les principales sont : le *Canada,* le *Labrador* et la *Nouvelle-Écosse.* A l'extrémité du Labrador se trouve l'île de *Terre-Neuve,* célèbre par l'immense quantité de morues qu'on pêche sur un banc voisin.

418. Montagnes. Les monts *Rocheux* traversent la partie occidentale de la Nouvelle-Bretagne; — les monts *Alléghany* couvrent une partie du Canada, auquel ils servent de limites.

lieu des établissements russes ? — 415. Où est située la Nouvelle-Bretagne? Quelle est sa population? — 416. Dites ses bornes; — 417. sa division; — 418. ses mon-

ÉTATS-UNIS. 139

419. Fleuves. Le *Mackensie* se jette dans l'océan Glacial Arctique; — le *Nelson* se rend dans la mer d'Hudson; — le *Saint-Laurent* se jette dans le golfe qui porte son nom.

420. Lacs. La Nouvelle-Bretagne renferme des lacs très-considérables, entre autres les lacs *Ontario*, *Érié*, *Huron* et *Supérieur*.

421. Productions. On exporte de cette contrée du blé, des bois de charpente, des fourrures et des pelleteries.

422. Villes principales. MONTRÉAL, au S. E., sur une île formée par le Saint-Laurent, capitale du Canada; grand commerce de pelleteries : 40,000 habit. — *Québec*, au S. E., sur le Saint-Laurent : 32,000 habit. — *York*, sur le lac Ontario. — *Halifax*, au S. E., port sur l'océan Atlantique, capitale de la Nouvelle-Écosse. — *Saint-Jean*, chef-lieu de l'île de Terre-Neuve.

États-Unis.

SUPERFICIE. 7,000,000 de kilomètres carrés.
POPULATION. 25,000,000 d'habitants.

423. Position. Les États-Unis, nommés aussi Confédération anglo-américaine ou simplement l'Union, sont situés dans la partie centrale de l'Amérique septentrionale.

tagnes; — 419. ses fleuves; — 420. ses lacs; — 421. ses productions. — 422. Dites les villes principales. — 423. Où sont situés les États-Unis? Dites leur population. — 424. Quelles sont leurs bornes? — 425. Comment se di-

424. Bornes. Au N., la Nouvelle-Bretagne; à l'E., l'océan Atlantique; — au S., le golfe du Mexique et la république du même nom; — à l'O., le Grand Océan.

425. Division. Les États-Unis comprennent, outre plusieurs territoires non organisés, trente-deux États, dont les principaux sont : le *New-York*, la *Pensylvanie*, la *Virginie*, la *Floride*, la *Louisiane*, l'*Ohio*, le *Tennessee* et le *Kentucky*.

426. Montagnes. Les monts *Alléghany*, vers l'est; les monts *Rocheux*, à l'ouest.

427. Fleuves. Le *Saint-Laurent* ne fait que baigner les États-Unis au N. E., et se jette dans le golfe qui porte son nom; — la *Delaware* se rend dans l'océan Atlantique; — le *Mississipi* se jette dans le golfe du Mexique; — la *Columbia* ou *Orégon* se jette dans le Grand Océan.

428. Lacs. Les États-Unis partagent avec la Nouvelle-Bretagne les lacs *Supérieur*, *Huron*, *Érié* et *Ontario*, et possèdent en entier le grand lac *Michigan*.

429. Productions. Cette contrée produit en abondance des céréales, des cannes à sucre, des fruits, du coton, du tabac, de l'indigo. Elle possède aussi des mines de houille, de fer, de plomb, d'étain, et surtout de riches mines d'or situées dans la Californie. Le commerce des États-Unis est,

visent-ils? — 426. Nommez les montagnes; — 427. les fleuves; — 428. les lacs. — 429. Quelles sont les productions de cette contrée? — 430. Quelle est la capitale

MEXIQUE. 141

après celui de l'Angleterre, le plus considérable du monde.

430. Villes principales. *Washington*, à l'E., capitale de la confédération : 40,000 habit. — A l'E., *Boston*, port très-commerçant : 140,000 habitants ; *New-York*, sur une baie à l'embouchure de l'Hudson, l'une des villes les plus commerçantes du monde et la plus importante de l'Amérique : 500,000 habit. ; *Philadelphie*, sur la Delaware, commerce considérable : 409,000 habitants ; *Baltimore*, vaste port ; grand commerce, surtout en farines : 170,000 habitants ; *Charleston*, port commerçant. — Au S., *Mobile*, port sur le golfe du Mexique ; *la Nouvelle-Orléans*, sur le Mississipi, chef-lieu de la Louisiane, commerce très-considérable : 140,000 habit. — A l'O., *San-Francisco*, chef-lieu de la Californie : 60,000 habit.

CHAPITRE XXVI.

Mexique.

SUPERFICIE. 3,000,000 de kilomètres carrés.
POPULATION. 8,000,000 d'habitants.

431. Position. Le Mexique est situé dans le sud-ouest de l'Amérique septentrionale.

432. Bornes. Au N., les États-Unis ; — à l'E., les États-Unis, le golfe du Mexique et la mer des

des États-Unis? Nommez les villes les plus importantes.
QUESTIONS. — 431. Quelle est la situation du Mexique? sa population? — 432. Dites ses bornes ; — 433. sa divi-

Antilles ; — au S., le Grand Océan et le Guatémala ; — à l'O., le Grand Océan.

433. Division. Le Mexique comprend divers États, dont les plus importants sont ceux de *Sonora*, de *Durango* et d'*Yucatan*.

434. Productions. Le sol, très-fertile, produit des céréales, des vins, du sucre, des fruits, du tabac, du coton, de l'indigo, des bois précieux. Le Mexique possède les mines d'argent les plus riches de la terre et des mines d'or très-considérables.

435. Villes principales. MEXICO, au centre, grande et belle ville, capitale : 180,000 habitants. — Au centre, *la Puebla*, ville très-commerçante ; *Quérétaro*, une des villes les plus belles et les plus industrieuses du Mexique ; *Saint-Louis de Potosi*, riches mines d'argent. — A l'E., *Tampico*, excellent port sur le golfe du Mexique ; *la Vera-Cruz*, port très-important sur le golfe du Mexique. — Au S., *Acapulco*, port sur le Grand Océan.

Guatémala.

436. Notions générales. Le Guatémala occupe l'extrémité sud de l'Amérique septentrionale. Il est aussi connu sous le nom d'États-Unis de l'Amérique centrale et compte 2,000,000 d'habit. Il comprend cinq États, dont les principaux sont

sion ; — 434. ses productions. — 435. Quelle est la capitale du Mexique ? Nommez les autres principales villes. — 436. Quelle est la position du Guatémala ? sa popula-

ceux de *Guatémala*, de *Honduras* et de *Nicaragua*. Cette contrée donne à peu près les mêmes productions que le Mexique. Les villes les plus importantes sont : LA NOUVELLE-GUATÉMALA, près du Grand Océan, capitale : 50,000 habit. — *San-Salvador*. — *Léon*, ville commerçante. — *Truxillo*, bon port.

Antilles.

437. Position. Les Antilles, aussi nommées Indes occidentales, forment un très-grand archipel, entre l'Amérique septentrionale et l'Amérique méridionale, à l'est du golfe du Mexique et de la mer des Antilles.

438. Division. Les Antilles se partagent en trois grandes divisions : les îles *Lucayes* ou *Bahama*, au nord ; les *Grandes Antilles*, au centre, et les *Petites Antilles*, au sud-est.

Lucayes ou Bahama.

439. Notions générales. Les îles Lucayes ou Bahama, situées au sud-est de la presqu'île de la Floride, appartiennent à l'Angleterre. Elles sont nombreuses, mais petites, et produisent du coton et des bois de teinture. — Les principales sont : *Guanahani* ou *San-Salvador*, première terre découverte par Christophe Colomb ; *Bahama*.

tion? Dites ses bornes. Quelles sont les villes principales? — 437. Où sont situées les Antilles? — 438. Comment les divise-t-on? — 439. Où sont situées les îles Lucayes? Portent-elles un autre nom? A qui appartiennent-elles? Quelles sont les principales? — 440. De quelles îles se composent

Grandes Antilles.

440. Notions générales. — Les Grandes Antilles se composent des îles *Cuba, Haïti* ou *Saint-Domingue, Jamaïque* et *Porto-Rico.*

Cuba : l'île de Cuba, au nord-ouest, la plus grande des Antilles, appartient à l'Espagne et compte plus de 900,000 habit. Le sol produit des cannes à sucre, du café, du tabac renommé. — Les villes principales sont : *la Havane*, capitale, port sur le détroit de la Floride ; commerce considérable : 140,000 habit.; *Santiago de Cuba*, port sur la côte méridionale.

Haïti ou Saint-Domingue : l'île d'Haïti ou Saint-Domingue, au sud-est de Cuba, compte environ 1,000,000 d'habit., et se divise en deux États : l'empire d'*Haïti*, à l'O., et la république *Dominicaine*, à l'E. Elle produit surtout les cannes à sucre, le café, le coton, le tabac. — Les villes principales sont : *le Port-au-Prince*, capitale de l'empire : 30,000 habit.; *le Cap-Haïtien*, port sur la côte septentrionale ; *Saint-Domingue*, capitale de la république, port sur la côte méridionale.

Jamaïque : l'île de la Jamaïque, à l'ouest d'Haïti et au sud de Cuba, appartient à l'Angleterre. Le sol en est très-fertile et donne les mêmes productions que les précédentes ; on en exporte du rhum très-estimé. — La ville principale est

les Grandes Antilles? A qui appartient l'île de Cuba? Quelles sont ses villes principales ? — Mêmes questions

Kingston, capitale, port très-important par son commerce, sur la côte méridionale : 35,000 habitants.

Porto-Rico : l'île de Porto-Rico, à l'est d'Haïti, appartient à l'Espagne. Elle est très-fertile et donne les mêmes productions que les précédentes. Sa capitale est *Saint-Jean*, port sur la côte septentrionale : 20,000 habit.

Petites Antilles.

441. Notions générales. Les petites Antilles sont situées entre l'océan Atlantique et la mer des Antilles, les unes, nommées *îles du vent*, au S. E. des grandes Antilles, les autres, *îles sous le vent*, le long du continent de l'Amérique méridionale. Les plus importantes appartiennent aux nations européennes.

Iles françaises : *La Guadeloupe*, située au centre, dont les productions sont la canne à sucre, le coton, l'indigo, et les villes principales : *la Basse-Terre*, port, à l'O., capitale : 9,000 habit. ; *la Pointe-à-Pître*, port de commerce le plus important : 15,000 habit. — *La Martinique*, au sud-est de la Guadeloupe, l'une des plus importantes colonies françaises, dont les principaux produits sont le café, le sucre, le coton, l'indigo, et les villes principales : *le Fort-de-France*, port, à l'O., capitale : 10,000 habit. ; *Saint-Pierre*, port important : 30,000 habitants. — Les petites îles *les*

pour les îles d'Haïti, de la Jamaïque et de Porto-Rico. — 441. Où sont situées les Petites Antilles ?

Saintes, la *Désirade*, *Marie-Galante*, et la partie septentrionale de l'île *Saint-Martin*.

Iles anglaises : *La Dominique*, entre la Guadeloupe et la Martinique, et dont la capitale est *Roseau*. — *La Barbade*, la plus orientale des Antilles, et dont la capitale est *Bridgetown*. — *La Trinité*, la plus grande des îles sous le vent. — *Sainte-Lucie* et *Saint-Christophe*, très-fertiles.

Iles hollandaises : La partie méridionale de l'île *Saint-Martin*. — Les îles *Curaçao* et *Saint-Eustache*.

CHAPITRE XXVII.

Colombie.

SUPERFICIE. 3,000,000 de kilomètres carrés.
POPULATION. 4,000,000 d'habitants.

442. Position. La Colombie, contrée de l'Amérique méridionale, en occupe tout le nord.

443. Bornes. Au N., la mer des Antilles ; — à l'E., la Guyane et l'océan Atlantique ; — au S., le Pérou et le Brésil ; — à l'O., le Guatémala et le Grand Océan.

444. Division. La Colombie comprend trois républiques indépendantes l'une de l'autre, savoir : la *Nouvelle-Grenade*, le *Vénézuéla* et l'*Equateur*.

QUESTIONS. — 442. Où est située la Colombie? Quelle est sa population? — 443. Dites ses bornes. — 444. Com-

5.

445. Productions. Les productions principales de la Colombie sont le sucre, le café, le cacao, le tabac, le coton, l'indigo, les bois de teinture, l'or, l'argent et des pierres précieuses.

Nouvelle-Grenade.

446. Notions générales. La Nouvelle-Grenade, située au nord-ouest, a 2,000,000 d'hab. — Les villes principales sont : *BOGOTA* ou *SANTA-FÉ-DE-BOGOTA*, à l'E., capitale : 40,000 habit. ; *Panama*, au fond de la baie de même nom, sur l'océan Pacifique ; *Carthagène*, port important sur la mer des Antilles.

Vénézuéla.

447. Notions générales. La république de Vénézuéla, située à l'est, a 1,100,000 habit. — Les villes principales sont : *CARACAS*, près de la mer des Antilles, capitale, avec un port très-commerçant nommé *la Guyara*, 50,000 habit.; *Maracaïbo*, port sur le golfe du même nom ; *Varinas*, tabac renommé.

Équateur.

448. Notions générales. La république de l'Équateur, située au sud-ouest, a 800,000 habit. — Les villes principales sont : *QUITO*, à l'O., capitale, au pied d'un volcan : 70,000 habit.; *Guayaquil*, port, près du Grand Océan.

ment se divise-t-elle ? — 445. Quelles sont ses productions ? — 446. Nommez les principales villes de la Nouvelle-Grenade ; — 447. celles de Vénézuéla ; — 448. celles

Guyane.

Superficie. 300,000 kilomètres carrés.
Population. 220,000 habitants.

449. **Position.** La Guyane est située au nord-est de l'Amérique méridionale.

450. **Bornes.** Au N. et à l'E., l'océan Atlantique; — au S., le Brésil; — à l'O., la Colombie.

451. **Division.** La Guyane se divise en trois parties : la *Guyane anglaise*, la *Guyane hollandaise*, la *Guyane française*.

452. **Productions.** Les productions principales de la Guyane sont les bois, les cannes à sucre, le café, le tabac, le coton.

Guyane anglaise.

453. **Notions générales.** La Guyane anglaise, au nord-ouest, a 130,000 habit. *Georgetown*, port important, en est la capitale : 12,000 habitants.

Guyane hollandaise.

454. **Notions générales.** La Guyane hollandaise, au centre, a 60,000 habit. *Paramaribo*, port sur le Surinam, en est la capitale : 20,000 habit.

de l'Équateur. — 449. Où est située la Guyane? Quelle est sa population? — 450. Dites ses bornes; — 451. sa division; — 452. ses productions; — 453. la capitale de la Guyane anglaise; — 454. celle de la Guyane hollandaise;

Guyane française.

455. Notions générales. La Guyane française, au sud-est, a 30,000 habit. *Cayenne,* située dans une petite île, en est la capitale : 5,000 habit.

Pérou.

SUPERFICIE. 1,500,000 kilomètres carrés.
POPULATION. 2,000,000 d'habitants.

456. Position. La république du Pérou est située à l'ouest de l'Amérique méridionale.

457. Bornes. Au N., la Colombie; — à l'E., le Brésil; — au S., le Grand Océan et la Bolivie; — à l'O., le Grand Océan.

458. Montagnes. Les *Andes* forment dans cette contrée trois branches principales.

459. Productions. Le sol du Pérou produit des cannes à sucre, du cacao, du quinquina, du coton, des bois de teinture. Il est riche en mines d'or, d'argent et de mercure, et en pierres précieuses.

460. Villes principales. *LIMA*, à l'O., à 8 kilomètres du Grand Océan, capitale : 80,000 habit.; *Callao* est le port de cette ville. — *Truxillo,* près du Grand Océan.

— 455. celle de la Guyane française. — 456. Où est situé le Pérou? Quelle est sa population? — 457. Dites ses bornes; — 458. ses montagnes; — 459. ses productions; — 460. ses villes principales. — 461. Où est située la

Bolivie.

SUPERFICIE. 1,300,000 kilomètres carrés.
POPULATION. 1,500,000 habitants.

461. Position. La république de Bolivie, nommée autrefois Haut-Pérou, est une contrée de l'Amérique méridionale située à l'ouest et dont elle occupe une partie du centre.

462. Bornes. Au N., le Brésil et le Pérou; — à l'E., le Brésil et le Paraguay; — au S., le Chili et la Confédération de la Plata; — à l'O., le Pérou et le Grand Océan.

463. Productions. Les productions principales de la Bolivie sont les cannes à sucre, le cacao, le quinquina et les bois de teinture. Les montagnes renferment des mines d'or et surtout de riches mines d'argent.

464. Villes principales. *CHUQUISACA* ou *LA PLATA*, au centre, capitale : 25,000 habit. — *La Paz*, importantes mines d'or. — *Potosi*, riches mines d'argent.

Chili.

SUPERFICIE. 400,000 kilomètres carrés.
POPULATION. 1,500,000 habitants.

465. Position. La république du Chili, contrée de l'Amérique méridionale, est située à l'ouest, le long des côtes du Grand Océan.

Bolivie? Quelle est sa population? — 462. Dites ses bornes; — 463. ses productions; — 464. ses villes principales. — 465. Où est situé le Chili? Quelle est sa popula-

BRÉSIL.   151

466. **Bornes.** Au N., la Bolivie; — à l'E., la confédération de la Plata et la Patagonie; — au S., la Patagonie et le Grand Océan; — à l'O., le Grand Océan.

467. **Productions.** Les productions principales du Chili sont les cannes à sucre, le coton, l'indigo, le tabac, des bois précieux.

468. **Villes principales.** *Santiago*, au centre, dans une vaste plaine, capitale : 60,000 habit. — *Valparaiso*, port important sur le Grand Océan. — *Valdivia*, avec un beau port, sur la rivière du même nom. — *Coquimbo* ou *la Séréna*, port commerçant.

CHAPITRE XXVIII.

Brésil.

Superficie. 7,500,000 kilomètres carrés.
Population. 6,000,000 d'habitants.

469. **Position.** L'empire du Brésil, vaste contrée de l'Amérique méridionale, est situé à l'est et occupe une grande partie du centre.

470. **Bornes.** Au N., la Colombie, la Guyane et l'océan Atlantique; — à l'E., l'océan Atlantique; — au S., le même océan et l'Uruguay; — à l'O., la Colombie, le Pérou, le Paraguay et la Plata.

tion? — 466. Dites ses bornes; — 467. ses productions; — 468. ses villes principales.
Questions. — 469. Quelle est la position du Brésil? sa population? — 470. Dites-en les bornes; — 471. les mon-

471. **Montagnes.** La *Serra Pacaraïna*, vers le nord ; — la *Serra do Mar*, vers le sud ; — la *Serra dos Vertentes*, dans l'intérieur.

472. **Fleuves.** L'*Amazone*, le *Tocantin*, le *Saint-François*, qui se jettent dans l'océan Atlantique.

473. **Productions.** Le Brésil donne des diamants, des pierres précieuses, de l'or en abondance. Il produit les cannes à sucre, le café, le cacao, la vanille, des fruits excellents, le tabac, des plantes aromatiques et médicinales, diverses sortes de bois très-recherchés, entre autres l'acajou. On y élève beaucoup de bestiaux, principalement des bœufs.

474. **Villes principales.** RIO-DE-JANEIRO ou SAINT-SÉBASTIEN, au S. E., grande et belle ville, au fond d'une baie qui forme un vaste port sur l'océan Atlantique, capitale : 200,000 habit. — *Bahia* ou *San-Salvador*, port important par son commerce. — *Fernambouc* ou *Récife*, à l'E., port de mer fréquenté. — *Tijuco*, chef-lieu de la contrée où sont les mines de diamants.

La Plata.

475. **Notions générales.** La république de la Plata ou Confédération du Rio de la Plata, nommée aussi république Argentine, dont la population est de 2,000,000 d'habitants, a pour bornes : au N., la Bolivie ; à l'E., l'océan Atlantique, le

tagnes ; — 472. les fleuves. — 473. Quelles sont les productions principales de cette contrée? — 474. Quelle est la capitale du Brésil? Nommez les autres villes principales de cette contrée. — 475. Où est située la république de

Brésil et le Paraguay ; au S., l'Uruguay et la Patagonie ; à l'O., le Chili. —Les villes principales sont : *Buénos-Ayres*, au S. E., port sur le Rio de la Plata, capitale : 90,000 habit.; *Mendoza*, au pied des Andes.

Paraguay.

476. **Notions générales.** Le Paraguay, dont la population est de 600,000 habitants, est borné au nord et à l'est par le Brésil, au sud et à l'ouest par la Plata, et au nord-ouest par la Bolivie. — La ville principale est *l'Assomption*, capitale, sur la rive gauche du Paraguay : 10,000 habit.

Uruguay.

477. **Notions générales.** L'Uruguay, borné au nord et à l'est par le Brésil, au sud par l'océan Atlantique et la Plata et à l'ouest par ce même État, a 300,000 habit. — La ville principale est *Montévidéo*, port près de l'embouchure du Rio de la Plata, capitale : 40,000 habit.

Patagonie.

478. **Notions générales.** La Patagonie, aussi appelée terre Magellanique, occupe l'extrémité sud de l'Amérique méridionale. Elle est bornée au nord par la Confédération de la Plata, à l'est par

---

la Plata? Dites sa population, ses bornes, les villes principales. — 476. Dites la population, les bornes, les villes principales du Paraguay. — 477. Dites la population, les bornes et les villes principales de l'Uruguay. — 478. Dites les bornes et la population de la Patagonie.

l'océan Atlantique, au sud par l'océan Glacial Antarctique et à l'ouest par le Grand Océan et le Chili. Sa population est évaluée à 200,000 habitants.

Parmi les nombreuses îles qui se rattachent à la Patagonie, il faut distinguer : la *Terre de Feu*, ainsi nommée à cause de quelques volcans qu'elle renferme, et séparée du continent par le détroit de Magellan ;—l'île *des États*, à l'est de la Terre de Feu ; — les îles *Malouines* ou *Falkland*, à l'est de la Patagonie, dans l'océan Atlantique ; — les îles *Sandwich australes*, les *Orcades méridionales*, les terres de *Joinville*, de *Louis-Philippe*, de la *Trinité* et de *Palmer*, dans l'océan Glacial Antarctique.

CHAPITRE XXIX.

Océanie.

SUPERFICIE. 11,000,000 de kilomètres carrés.
POPULATION. 30,000,000 d'habitants.

479. Position. On comprend sous le nom d'Océanie les terres et les îles situées dans le Grand Océan, au sud-est de l'Asie et à l'ouest de l'Amérique, entre l'ancien continent et le nouveau.

480. Division. L'Océanie, qui forme la cinquième partie du monde, se divise en quatre parties : au N. O., la *Malaisie* ; — au N., la *Micronésie* ; — à l'E., la *Polynésie* ; — au S., la *Mélanésie*.

QUESTIONS. — 479. De quoi se compose l'Océanie ? Quelle est sa population ? — 480. Comment se divise-

Les terres et les îles les plus importantes de l'Océanie sont : dans la Malaisie, les îles *Bornéo, Java* et *Sumatra;* les archipels de *Célèbes*, des *Moluques* et des *Philippines;* — dans la Micronésie, les archipels de *Magellan* et des *Carolines;* — dans la Polynésie, les îles *Sandwich, Taïti, Marquises,* et la *Nouvelle-Zélande;*—dans la Mélanésie, l'*Australie* ou *Nouvelle-Hollande,* la *Papouasie* ou *Nouvelle-Guinée* et la *Tasmanie* ou *Terre de Diémen.*

481. Mers. Les principales subdivisions du Grand Océan sont : la mer de la *Chine,* qui sépare la Malaisie de l'Asie; — les mers de *Célèbes,* de *Java,* de la *Sonde* et de *Corail.* — L'extrémité occidentale de l'Océanie est baignée par la mer des *Indes.*

482. Détroits. Les principaux détroits de l'Océanie sont : le détroit de la *Sonde,* entre Sumatra et Java ; — le détroit de *Dampier,* entre la Nouvelle-Bretagne et la Papouasie ; — le détroit de *Bass,* entre la Tasmanie et l'Australie; — le détroit de *Cook,* entre les deux grandes îles de la Nouvelle-Zélande.

483. Description générale. Les parties connues de l'Australie, continent le plus important de la Mélanésie, n'offrent que des forêts impénétrables, des montagnes élevées, des plaines arides et sablonneuses; mais les autres îles de l'Océanie, surtout celles de la Malaisie, présentent l'aspect

t-elle? Quelles sont les terres et les îles principales ? — 481. ses mers principales? — 482. Dites les principaux détroits. — 483. Donnez quelques détails sur le sol et le climat des principales terres de l'Océanie. Quelles sont

le plus varié et sont fertiles. Les îles de la Polynésie jouissent d'une douce température. Le riz, la canne à sucre, diverses sortes d'épices, telles que le girofle, la muscade, le poivre, sont les productions les plus répandues dans les diverses parties de l'Océanie, où l'on trouve aussi des mines de diamants, d'or, d'étain, de plomb. C'est dans la Malaisie et l'Australie que se fait le commerce le plus actif et le plus étendu, et de tous les peuples étrangers, les Anglais, les Hollandais et les Chinois sont ceux qui y font les affaires les plus importantes.

484. Établissements européens en Océanie. Les Hollandais possèdent une partie des îles de la *Sonde*, les îles *Moluques*, l'île *Célèbes*. — Les Anglais ont des établissements sur les côtes de l'*Australie*, dans la *Tasmanie* et la *Nouvelle-Zélande*. — A la France appartiennent les îles *Marquises* et la *Nouvelle-Calédonie*. — L'Espagne possède les *Philippines* et les *Mariannes*.

CHAPITRE XXX.

Malaisie.

Population. 25,000,000 d'habitants.

485. Position. La Malaisie, ou Océanie occidentale, est située au nord-ouest.

les productions diverses de cette partie du monde ? — 484. Quelles sont les îles qui sont sous la domination européenne ?

Questions. — 485. Où est située la Malaisie ? Quelle est

486. Division. Les archipels principaux de la Malaisie sont : l'archipel de *Bornéo*, l'archipel de *Célèbes*, les îles *Philippines*, les îles *Moluques*, les îles de la *Sonde*.

487. Notions générales.—Archipel de Bornéo. L'archipel de Bornéo est situé au centre de la Malaisie. L'île principale de ce groupe est *Bornéo*, l'une des plus grandes îles du globe, appartenant en partie aux Hollandais. Les principales villes sont : *Bornéo* et *Passir*.

Archipel de Célèbes. L'archipel de Célèbes est à l'est de Bornéo. Il comprend plusieurs royaumes, entre autres ceux de *Bony* et de *Macassar*. L'île principale est *Célèbes*, qui dépend presque tout entière des Hollandais.

Iles Philippines. Les îles Philippines sont situées au nord. Les principales sont : *Luçon* et *Mindanao*. L'île Luçon est en partie soumise aux Espagnols. La ville principale est *Manille*, capitale, au fond de la baie du même nom, ville très-commerçante, chef-lieu des établissements espagnols dans l'Océanie : 140,000 habit. — L'île Mindanao a pour ville principale *Mindanao*.

Iles Moluques. Les îles Moluques, autrefois nommées *îles aux Épices*, sont situées au sud-est. Elles sont en partie dépendantes des Hollandais. Les principales sont : *Amboine*, place importante pour les Hollandais; *Gilolo*, la plus

sa population? — 486. Quelles îles comprend-elle ? — 487. Où est situé l'archipel de Bornéo? Mêmes questions pour l'archipel de Célèbes, les îles Philippines, les îles Mo-

grande, dans laquelle les Hollandais ont des établissements.

Îles de la Sonde. Les îles de la Sonde sont situées au sud-ouest. Les deux plus grandes îles de ce groupe sont *Sumatra* et *Java*. — L'île de *Sumatra* appartient en partie aux Hollandais. Les principales villes sont : *Padang*, chef-lieu des possessions hollandaises à Sumatra ; *Achem*, capitale d'un royaume, près de la mer.—L'île de *Java* appartient en grande partie aux Hollandais. Les principales villes sont : *Batavia*, port sur la côte nord-ouest de l'île, chef-lieu des possessions hollandaises dans l'Océanie, et la ville la plus commerçante de cette partie du monde : 60,000 habit. ; *Sourabaya*, port important sur la côte nord-est.

Micronésie.

Population. 1,000,000 d'habitants.

488. **Position.** La Micronésie, ou Océanie septentrionale, est située au nord de l'Australie et à l'est de la Malaisie et du Japon.

489. **Division.** Les archipels les plus importants de la Micronésie sont : l'archipel de *Magellan*, les îles *Mulgrave*, l'archipel des *Carolines*, les îles *Mariannes*.

490. **Notions générales.** — **Archipel de Magellan.** L'archipel de Magellan, peu éloigné des îles du Japon, est au nord-ouest et comprend plusieurs

luques, les îles de la Sonde.— 488. Où est située la Micronésie? Quelle est sa population? — 489. Quelles îles comprend-elle?— 490. Décrivez les principaux archipels dont

POLYNÉSIE. 159

groupes, dont le plus considérable est celui de *Bonin-Sima.*

Iles Mulgrave. Les îles Mulgrave ou Marshall, à l'est des Carolines, se composent de deux groupes principaux et très-fertiles.

Archipel des Carolines. L'archipel des Carolines, nommées aussi *Nouvelles-Philippines*, situé au sud, est le plus grand archipel de la Micronésie; les îles principales sont *Egoy* et *Yap.*

Iles Mariannes. Les îles Mariannes ou Marie-Anne, nommées aussi îles des *Larrons*, sont au nord des Carolines; les principales sont *Guam* et *Tinian.*

Polynésie.

POPULATION. 1,500,000 habitants.

491. **Position.** La Polynésie, ou Océanie orientale, comprend un grand nombre d'îles disséminées dans toute la partie orientale du Grand Océan.

492. **Division.** Les groupes ou îles les plus considérables de la Polynésie sont : l'archipel d'*Haouaii*, les îles de *Cook*, les îles *Taïti*, les îles *Marquises* ou *Mendagna*, l'archipel de *Pomotou*, la *Nouvelle-Zélande*.

493. **Notions générales. — Archipel d'Haouaii.** — L'archipel d'Haouaii, connu aussi sous le nom d'îles *Sandwich*, situé au nord de la Polynésie,

se compose cette partie de l'Océanie? — 491. Où est située la Polynésie? Quelle est sa population? — 492. Nommez les principaux archipels dont se compose la Polynésie. — 493. Donnez quelques notions sur les îles de

renferme quatorze îles d'une fertilité remarquable, parmi lesquelles il faut citer *Maoui*, au centre, et *Haouaii*, au S. Cet archipel forme un royaume qui a un gouvernement constitutionnel ; la capitale est *Honoloulou*, sur la côte de l'île *Ouahou*.

Iles de Cook. Les îles de Cook, nommées aussi îles *Harvey*, sont au centre. L'île *Mangia* et l'île *Harvey* sont les principales de ce groupe, dont la plupart des habitants ont embrassé le christianisme.

Iles Taïti. Les îles Taïti, connues aussi sous le nom d'archipel de la *Société*, sont au nord des îles de Cook et forment un royaume sous le protectorat de la France. La plus grande est *Taïti* ou *O'Taïti*, nommée la reine de l'océan Pacifique, à cause de sa fertilité et de son riant aspect, et dont la capitale est *Papéiti*, résidence du gouverneur général des possessions françaises dans l'Océanie.

Iles Marquises. Les îles Marquises ou Mendagna, connues aussi sous le nom d'archipel de *Nouka-Hiva*, sont au nord-est des îles Taïti. Les principales sont : *Nouka-Hiva*, la plus considérable, avec un port ; *O-Ivahoa* ou *Dominica*. Les îles Marquises appartiennent à la France.

Archipel de Pomotou. L'archipel de Pomotou ou des îles *Basses*, au sud des îles Marquises, se compose d'un grand nombre de groupes et renferme les archipels connus autrefois sous les noms d'archipels *Dangereux* et de la *mer Mauvaise*.

Cook et Taïti, la Nouvelle-Zélande, etc. — 494. Où est

Nouvelle-Zélande. La Nouvelle-Zélande, située au sud-est de l'Australie, se compose de deux grandes îles séparées par le détroit de Cook. La première, au N., s'appelle *Ikana-Maoui*; la seconde, au S., *Tavaï-Pounamou*.

Mélanésie.

POPULATION. 2,500,000 habitants.

494. **Position.** La Mélanésie, ou Océanie méridionale, est située au sud.

495. **Division.** Les terres principales de la Mélanésie sont : le continent de l'*Australie* ou *Nouvelle-Hollande*, la *Papouasie* ou *Nouvelle-Guinée*, l'archipel de la *Nouvelle-Bretagne*, les îles *Salomon*, la *Nouvelle-Calédonie*, la *Tasmanie* ou *Terre de Diémen*, les *Terres Antarctiques*.

496. **Notions générales. — Australie.** L'Australie ou Nouvelle-Hollande, nommée aussi le troisième continent, est située au centre de la Mélanésie ; elle est baignée au N., à l'O. et au S. par l'océan Indien, et à l'E. par le grand Océan. C'est une grande terre dont on ne connait guère que les côtes, qui renferme d'abondantes mines d'or récemment découvertes, et dont la population est de plus de 1,000,000 d'habitants. L'Angleterre y possède plusieurs colonies dont la plus importante est la *Nouvelle-Galles du Sud*, sur la côte orientale, ayant pour chef-lieu *Sydney*, ville très-florissante, située sur le magnifique port Jackson, et capitale des établissements anglais.

située la Mélanésie? Quelle est sa population? — 495. Quelles terres comprend-elle? — 496. Où est situé l'Au-

Les autres principales villes sont *Melbourne*, *Adélaïde* et *Perth*, chefs-lieux de provinces.

Papouasie. La Papouasie, nommée aussi *terre des Papous* ou *Nouvelle-Guinée*, est au nord de l'Australie. Cette grande île renferme un grand nombre de petits territoires gouvernés par des chefs particuliers. Les Hollandais y ont aussi un établissement.

Archipel de la Nouvelle-Bretagne. L'archipel de la Nouvelle-Bretagne est à l'est de la Papouasie. Les principales îles sont : la *Nouvelle-Bretagne*, île très-fertile; la *Nouvelle-Irlande*, le *Nouvel-Hanovre*.

Iles de Salomon. Les îles de Salomon sont au sud-est de celles de la Nouvelle-Bretagne. Les principales sont celles de *Bougainville*, d'*Isabelle* et de *Georgie*.

Nouvelle-Calédonie. Le groupe de la Nouvelle-Calédonie est situé à l'est de l'Australie et appartient à la France. Les îles principales sont : l'île de la *Nouvelle-Calédonie* et l'île *Beaupré*.

Tasmanie. La Tasmanie, aussi nommée *Terre de Van-Diémen*, est située au sud-est de l'Australie. Vers le sud-est, les Anglais y ont établi une colonie dont le chef-lieu est *Hobart-Town*.

Terres Antarctiques. Les principales terres comprises sous ce nom sont : la terre de *Sabrina*, celle de *Clarie*, la terre *Adélie* et la terre *Victoria méridionale*.

stralie? Mêmes questions pour la Papouasie, la Nouvelle-Calédonie, la Tasmanie, etc.

NOTIONS DE GÉOGRAPHIE SACRÉE.

1. Position. La Terre-Sainte, ainsi nommée parce qu'elle a été sanctifiée par la naissance, les miracles et la mort de N. S. Jésus-Christ, fut d'abord appelée *Terre de Chanaan*, *Terre d'Israël*, *Terre Promise*, *Palestine*, *Judée*. Elle était située dans la partie occidentale de l'Asie, le long de la mer Méditerranée, que les Hébreux désignaient par différents noms et souvent par celui de *grande mer*.

2. Bornes, étendue et population. La Terre-Sainte était bornée au N. par la Syrie et une partie de la Phénicie; à l'O, par la mer Méditerranée; au S. et à l'E. par le grand désert d'Arabie, sur les confins duquel habitaient les Amalécites, les Iduméens, les Madianites, les Moabites et les Ammonites. Sa longueur du N. au S. était d'environ 22 myriamètres, et sa largeur variait entre 5 et 16 myriamètres. Sa superficie ne dépassait pas 330 myriamètres carrés, et cependant, au temps de sa prospérité, elle compta jusqu'à 5,000,000 d'habitants.

3. Montagnes. Deux chaînes de montagnes détachées de l'*Anti-Liban*, et situées l'une à l'occident, l'autre à l'orient du Jourdain, traversaient la Palestine du N. au S. La chaîne occidentale portait les noms de montagnes d'*Éphraïm*, de monts *Gelboé* et *Garitzim*; les sommets les plus remarquables étaient le mont *Thabor*, le mont *Carmel*, la montagne de *Silo* et celle de la *Quarantaine*. A la chaîne orientale appar-

QUESTIONS. — 1. Où était située la Terre-Sainte? Par quels autres noms était-elle encore désignée? — 2. Quelles étaient les bornes et l'étendue de la Terre-Sainte? — 3. Nommez les principales montagnes. — 4. Dites quelles

tenaient l'*Hermon*, les montagnes de *Galaad* et les monts *Abarim* : on y distinguait le *Nebo*, d'où Moïse à l'heure de sa mort, contempla la Terre Promise. Parmi les montagnes isolées, il faut surtout citer le *Golgotha* ou *Calvaire*, où Notre-Seigneur fut crucifié, et le mont des *Oliviers*, d'où Jésus-Christ s'éleva au ciel.

4. **Vallées, plaines et déserts.** Les nombreuses montagnes dont le pays était entrecoupé y formaient beaucoup de vallées et souvent laissaient entre elles des plaines remarquables, surtout par l'intérêt historique qui s'y rattache. Les plus célèbres étaient : la *plaine du Jourdain*, ou la vallée formée par les deux rives du fleuve, entre le lac de Cénéreth et la mer Morte; la *plaine d'Esdrelon* ou *vallée de Jezraël*, entre les montagnes du Thabor, du Carmel et d'Ephraïm; la *vallée du Cédron* ou *de Josaphat*, entre Jérusalem et la montagne des Oliviers; la *vallée de Réphaïm* ou *des Géants*, qui s'étendait de Jérusalem à Bethléem. Le nom de désert, dans l'Écriture sainte, ne s'appliquait pas toujours à de grandes plaines sablonneuses; quelquefois on le donnait à des terrains fertiles, mais vagues en quelque sorte et réservés aux pâturages : tels étaient le *désert de Jéricho*, celui *de Juda*, au S. de Bethléem, et les déserts d'*Engaddi* et de *Bersabée*.

5. **Fleuves et lacs.** Le *Jourdain*, le seul cours d'eau considérable de la Palestine, prend sa source au pied des montagnes de l'*Anti-Liban*, au lac *Phiala*, et coulant du N. au S., il traverse le lac de *Cénéreth* ou de *Génésareth*, nommé aussi mer de *Galilée* ou de *Tibériade*, et se jette dans le lac *Asphaltite* ou mer Morte, après un cours d'environ 150 kilomètres. Les autres cours d'eau ne sont que des ruisseaux torren-

étaient les vallées et les plaines les plus remarquables. A quelles terres donnait-on souvent le nom de déserts? — 5. Quels étaient les cours d'eau les plus considérables et

GÉOGRAPHIE SACRÉE. 165

-eux, parmi lesquels il faut remarquer l'*Hiéromax*, le *Jaboc*, le *Cédron* et l'*Arnon*, qui se jettent, les deux premiers dans le Jourdain, les deux autres dans la mer Morte.

6. Productions. L'Écriture sainte dépeint l'admirable fertilité du pays de Chanaan. Ses plaines étaient fécondes en belles moissons et ses montagnes chargées d'une riche végétation en arbres et en pâturages. Les grains, les vignes, les oliviers, les fruits, les aromates, y croissaient en abondance. Aujourd'hui c'est une contrée presque stérile.

7. Partage de la Terre Promise entre les douze tribus. Au moment où les Israélites entrèrent dans la Terre Promise, ce pays était occupé par divers peuples connus sous le nom général de *Chananéens*, ainsi appelés parce qu'ils descendaient tous de Chanaan, petit-fils de Noé. Après la conquête, les terres furent partagées entre douze des treize tribus dont se composait le peuple israélite. La tribu de Lévi, vouée au sacerdoce, n'eut en partage aucune contrée particulière, mais on lui attribua quarante-huit villes disséminées sur le territoire des douze tribus, et que l'on nomma *lévitiques*. Six de ces villes, appelées *villes de refuge*, avaient le privilége de servir d'asile aux malheureux qui s'étaient rendus involontairement coupables de quelque crime : ces villes étaient *Cèdes, Sichem, Hébron, Bosor, Ramoth de Galaad* et *Golan*. Le territoire assigné à la tribu de Manassé était partagé en deux parties, ce qui forme au total treize divisions, dont dix à l'O. et trois à l'E. du fleuve.

Les tribus situées à l'occident du Jourdain étaient : 1° *Juda*, tout à fait au S. et à l'O. de la mer Morte; villes principales : *Hébron, Bethléem*, appelée d'abord

les principaux lacs de la Palestine? — 6. Dites les principales productions de cette contrée. — 7. Comment fut partagée la Terre Promise? Quelle était la position de

Ephrata. — 2° *Siméon*, à l'O. de Juda; ville princip. *Siceleg*. — 3° *Dan*, au N. de Benjamin; ville princip. *Joppé*. — 4° *Benjamin*, au N. de Juda; villes princip. *Jéricho*, *Gabaon* et *Jébus* qui fut plus tard *Jérusalem*. — 5° *Ephraïm*, au N. de Benjamin; ville princip. *Sichem*. — 6° *Manassé occidental*, entre le Jourdain et la mer; villes princip. : *Endor*, *Thersa*. — 7° *Issachar*, au N. de Manassé; ville princip. : *Jezraël*. 8° *Zabulon*, plus au N. — 9° *Aser*, au N. O., entre mer et les montagnes. — 10° *Nephthali*, au N. E.; ville princip. : *Cèdes*.

Les tribus à l'orient du Jourdain étaient : 11° *Manassé oriental*, au N.; ville princip.: *Golan*. — 12° *Gad*, au S.; villes princip. : *Jabès*, *Ramoth de Galaad*. — 13° *Ruben*, plus au S.; villes princip. : *Bosor*, *Hésébon*.

8. Royaume de David et de Salomon. La nation israélite, malgré les luttes qu'elle eut à soutenir avec les peuples voisins, affermit sa puissance, qui fut considérablement agrandie par le roi David. Ce prince transmit à son fils Salomon, avec la Palestine tout entière, qui avait alors Jérusalem pour capitale, la possession de la plus grande partie de la Syrie et des pays compris entre l'Euphrate, la mer Rouge, l'Egypte et la Méditerranée. Ainsi le royaume de Salomon s'étendait du mont Liban aux frontières de l'Égypte et de la mer aux déserts de l'Arabie. Il possédait sur le golfe Élanitique les villes d'*Elath* et d'*Ansiogaber*, stations pour ses flottes qui allaient commercer à Tharsis et à Ophir.

9. Schisme de dix tribus. Royaumes de Juda et d'Israël. Après la mort de Salomon, dix tribus se révoltèrent contre son fils Roboam et formèrent le

chacune des tribus, avec leurs villes les plus importantes? — 8. Comment le royaume fut-il agrandi par David et Salomon? Quelles en étaient alors les bornes? — 9. Comment se formèrent les royaumes d'Israël et de Juda? Par qui et

GÉOGRAPHIE SACRÉE.

royaume d'*Israël*, au N.; les deux tribus qui lui restèrent fidèles, celles de Juda et de Benjamin, formèrent le royaume de Juda, au S., qui eut *Jérusalem* pour capitale. *Sichem*, *Thersa* et *Samarie* furent successivement les capitales du royaume d'Israël. Ces dissensions amenèrent rapidement la décadence de la nation, et les deux royaumes d'Israël et de Juda avaient depuis longtemps perdu toutes les conquêtes de David et de Salomon, lorsqu'ils furent détruits le premier, en 718, par les Assyriens, le second, en 606, par les Babyloniens. Les habitants de l'un et de l'autre furent emmenés en captivité à Ninive et à Babylone, et remplacés sur leurs terres par des Asiatiques tirés des contrées où eux-mêmes étaient transplantés.

10. Division de la Palestine après le retour de la captivité. Les Juifs, après le retour de la captivité de Babylone, occupèrent l'ancien royaume de Juda, tandis que le territoire dont s'était formé le royaume d'Israël était au pouvoir des peuples étrangers désignés sous le nom de *Samaritains*. La Palestine devint province de plusieurs empires, en passant aux Perses, de ceux-ci à Alexandre le Grand et d'Alexandre aux Égyptiens, puis aux Syriens, et enfin, après bien des troubles intérieurs, aux Romains. Mais alors la division par tribus avait disparu depuis longtemps, et on distingua dans la Palestine quatre contrées principales: la *Judée*, la *Samarie*, la *Galilée*, toutes trois à l'O. et en deçà du Jourdain, et la *Pérée*, à l'E. et au delà du fleuve.

La Judée était bornée au N. par la Samarie, à l'E. par le Jourdain et la mer Morte, au S. par l'Arabie Pétrée, à l'O. par la Méditerranée. Les villes principales étaient: *Jérusalem*, la ville sainte du christianisme; *Galgala*; *Jéricho*, appelée la ville des pal-

à quelle époque furent-ils détruits? Quel fut le sort des Israélites? — 10. Que devint la Palestine après le retour miers; *Béthel*; *Gabaon*, sur les frontières de la Samarie; *Rama*, où naquit Samuël; *Maspha*; *Hébron*, où vécut Abraham; *Bethléem*, patrie du saint roi David et célèbre surtout par la naissance du Sauveur; *Césarée de Palestine*, ainsi nommée par Hérode en l'honneur d'Auguste.

La Samarie était bornée au N. par la Galilée, à l'E. par le Jourdain, au S. et à l'O. par la Judée. Elle avait pour villes principales : *Sichem*, *Béthel* et *Samarie*.

La Galilée était bornée au N. par l'Anti-Liban, à l'E. par le Jourdain, au S. par la Samarie, à l'O. par la Phénicie. Ses villes principales étaient : *Capharnaüm*, célèbre par plusieurs miracles de Jésus-Christ; *Bethsaïde*; *Naïm*, où Notre-Seigneur ressuscita le fils de la veuve; *Endor*; *Nazareth*, où Jésus-Christ passa les premiers temps de sa vie; *Cana*, où Notre-Seigneur fit son premier miracle; *Jezraël*.

La Pérée, avec la *Trachonite* et l'*Iturée*, comprenait le territoire anciennement occupé par les tribus de Gad et de Ruben et la demi-tribu orientale de Manassé. Ses villes les plus importantes étaient : *Golan*, *Soccoth*, *Ramoth de Galaad*, *Lassa* et *Callirrhoé*.

Sous Auguste et ses successeurs, la Palestine subit divers changements. L'empereur Claude réduisit en province romaine la plus grande partie de la Terre-Sainte, et la ville de *Césarée de Palestine*, située sur le bord de la mer, devint le siège du gouverneur particulier de la province.

de la captivité ? En combien de contrées fut-elle divisée ? Dites les bornes et les villes principales de la Judée; de la Samarie; de la Galilée; de la Pérée.

FIN.

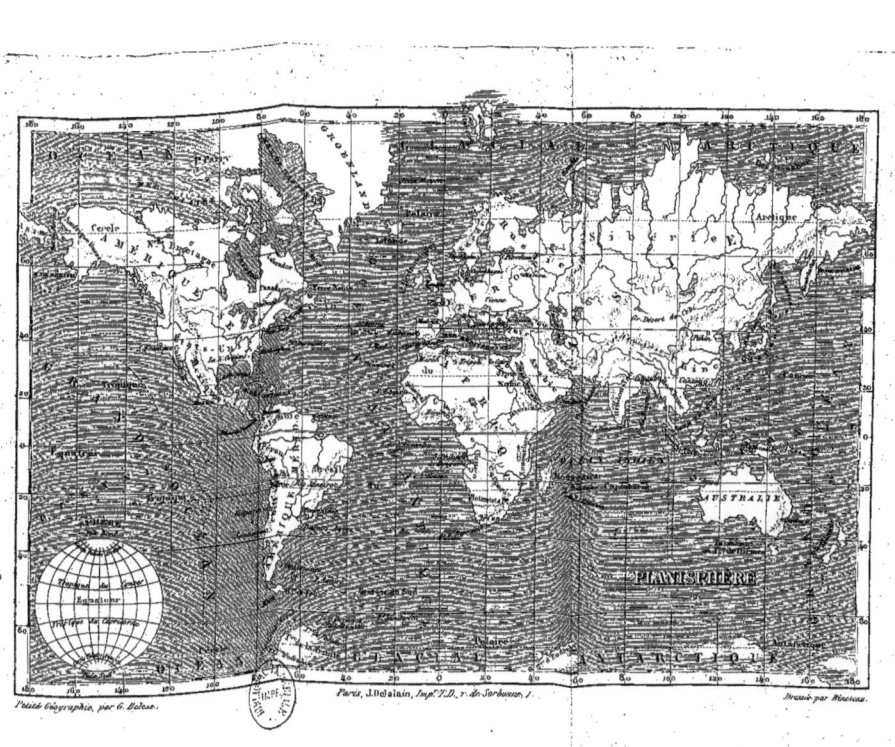